心理学典型实验教学案例

廖全明 杨 柯 张 灏 晏祥辉 刘 杨 等 编著

西南交通大学出版社
·成都·

图书在版编目（ＣＩＰ）数据

心理学典型实验教学案例 / 廖全明等编著. —成都：
西南交通大学出版社，2021.9
ISBN 978-7-5643-8072-4

Ⅰ. ①心… Ⅱ. ①廖… Ⅲ. ①实验心理学 – 教案（教
育） Ⅳ. ①B841.4

中国版本图书馆 CIP 数据核字（2021）第 123720 号

Xinlixue Dianxing Shiyan Jiaoxue Anli

心理学典型实验教学案例

廖全明　杨　柯　张　灏		责任编辑 / 梁　红
晏祥辉　刘　杨　等 / 编著		封面设计 / 原创动力

西南交通大学出版社出版发行

（四川省成都市金牛区二环路北一段 111 号西南交通大学创新大厦 21 楼　610031）
发行部电话：028-87600564　028-87600533
网址：http://www.xnjdcbs.com
印刷：四川森林印务有限责任公司

成品尺寸　185 mm × 260 mm
印张　10.75　字数　234 千
版次　2021 年 9 月第 1 版　　印次　2021 年 9 月第 1 次

书号　ISBN 978-7-5643-8072-4
定价　38.00 元

图书如有印装质量问题　本社负责退换
版权所有　盗版必究　举报电话：028-87600562

序　言
————— Preface —————

　　心理学作为一门实验科学，其许多理论来源于实验，大量的心理现象通过实验可以得到揭示和佐证，因而心理学实验教学是理论联系实际的主要途径。在心理学专业的课程教学实践中，仅依靠教师的理论教学，学生学习的积极性得不到充分激发，一些学生对甚至对心理学专业理论的科学性和准确性产生了怀疑。这样的教学无法实现心理学专业课程的目的，也不能体现心理学专业的特点与科学性。因此，在心理学专业课程教学中加入典型实验有如下几个方面的意义：（1）心理学典型实验教学是理论联系实际的有效途径。通过典型实验范例或验证性实验教学可以使学生加深对理论知识的理解，便于学生透彻地掌握理论知识。在心理学专业实验教学中，典型实验具有形象直观性，能活跃课堂气氛，激发学生的学习兴趣；测量性实验可使学生了解自身的某项心理特质及个体差异，增强心理学的实用性。心理实验课是一门动手操作能力较强的课程，操作性实验可以培养学生的操作技能和动手能力。（2）通过心理学专业的典型实验教学可使学生了解和掌握心理现象的研究方法，培养学生的实验技能及其分析问题、解决问题的能力。通过典型实验范例展示，学生可以掌握实验设计的原则、进行实验控制的方法、实验方案实施的细节以及文献资料的检索、查阅，实验结果的分析等，从而提高学生独立的实验设计能力。（3）心理学专业典型实验展示还可以培养学生踏实、刻苦、严肃、团结协作的工作作风，实事求是的科学态度以及探索、创新、严谨治学的精神，这些对于心理学专业学生未来的工作、学习均具有重要意义。

　　加强实践教学是一种教育、教学思想，即"在实践操作中发展学生心理素质"的心理学教学观。这种教学思想认为，心理学教学应理解为"理论加操作"的教学，用理论指导操作，用操作滋养理论，实现理论与操作的互动。实践教学始终让学生成为操作主体，在课内通过操作了解自身的心理素质；在课外通过操作了解儿童心理发展水平。学生对实验实践操作有浓厚的兴趣，热情高涨，通过实验实践操作，能培养他们的主体探索精神和实践能力。充分发挥实践手段的作用，能更新心理学的教学理念和方法，能变"练习为考试"的应试教育为"操作求发展"的应用教育；能变口耳授受的灌输式教学为指导学生实践，使学生乐学会学。本教学模式的核心是取一个与教学内容相吻合的典型实验，以此作为贯穿整个课堂教学的一条主线。在每一个知识单元讲述后，剖析典型实验中与所讲知识内容对应的部分，展示所讲知识内容在实验中的具体实施与应用，待课程内容讲授完，对应的一个完整的心理学典型也就剖析完成了。该教学模式可以使课堂讲述的内容与生活实际应用对接，教学效果明显：（1）书本知识和实际应用紧密结合，知识的应用环境很明确；（2）课堂内容丰富、翔实；（3）学生能了解教师对这门课的教学要求和教学意图，加快自身的认知过程，教学效果较好。

心理学专业典型实验的操作类型一般包括以下几个方面：（1）演示型操作。主要是为课堂教学讲清概念和规律而设计的类型。在这种类型中，教师是主试、学生是被试，学生按笔者自编的实验手册的指导语操作。这种形式的程序有四个环节，现以典型样例进行说明：①掌握课题。短时记忆转化为长时记忆的条件。②演示操作。通过两个18秒时间，让被试分别识记一个无意义音节，前一个18秒有复述机会，后一个18秒因实验控制失去复述机会，呈现不同实验结果。③组织讨论。分析造成不同结果的原因。④得出结论。短时记忆只有通过复述才能转化为长时记忆。（2）分组型操作。为学生使用实验仪器进行自我心理测量，并验证心理学概念和规律而设计的类型，如各种认知品质和气质（神经类型）的测量。学生两人一组，互为主被试在分组实验室进行。在学会使用仪器基础上，基本上自主操作完成，并撰写实验报告。（3）单独型操作。主要为在课堂教学难以演示的一些高级心理活动设计的类型，如情感、意志、性格等，通过问卷、测量等方法进行操作。学生在掌握数据处理方法的基础上，独立自主完成，对自身心理特点进行评估。（4）见习型操作。主要为学生深入小学进行儿童心理测量而设计的类型。学生每两周到小学一次，独立主持一对一的儿童心理测量。师范生当主试，小学生当被试，要求撰写见习报告，并汇总制定年级常模，学生自己制作测量材料，通过操作发现儿童心理发展年龄特点和个别差异。

典型实验贯穿式教学模式应用的关键是典型实例的选取，选取的这些实例应涵盖心理学专业课程内容的完整性、典型性及先进性，具有理论教学所涉及的深度和广度。实验选择依据：经典、常用、简单易行，以及与生活实际相结合。我们针对每门课程选择的典型实验一般分为三个部分：（1）典型实验介绍。典型实验，主要是该课程涉及的经典实验，要能介绍该实验设计的思路、过程和结果。形式上可以有故事、图片、表格等，突出生动形象原则、可读性原则。（2）主要知识点阐述。介绍该实验涉及的主要知识点，供读者备课时参考。（3）详细阐述在课堂教学中的应用情境，要体现就地取材、可行性原则；要能有供学生思考研究的环节，思考具体应用过程结果与原实验结果存在差异的原因与趋势。

本书在编写过程中参考了大量有关文献和实验案例，在此谨向原作者表示衷心的感谢！同时，衷心感谢西南交通大学出版社所做的大量工作！衷心希望本书能为心理学爱好者、心理学专业教师的课堂教学带来实质性的帮助。

编　者
2020 年 12 月

目　录
———— *Contents* ————

第一章　普通心理学典型实验案例

实验一　艾宾浩斯记忆遗忘实验

一、实验简介

遗忘是一种常见的现象。人类对记忆的研究即从遗忘开始的。

为了探究在无意义记忆活动中的人类遗忘过程，德国著名心理学家艾宾浩斯（Hermann Ebbinghaus）首先以自己为实验对象进行记忆和遗忘实验，然后在其他被试身上进行重复。

艾宾浩斯认为，记忆材料的长短、难度的大小都会对记忆产生影响，必须严格控制。为了排除过去知识经验对记忆的影响，使记忆材料处于同等难易的程度，艾宾浩斯特别设计了一种记忆材料——无意义音节。此外，艾宾浩斯还在学习时间、背诵次数以及记忆间隔时间和记忆方法等方面进行严格控制，以保证测量结果的一致性和可靠性。实验时，艾宾浩斯以被试达到学习标准后，间隔不同的时间来学习同样的材料，达到学会标准所节省的学习时间或学习遍数作为测量记忆效果的指标。他首先让被试记熟许多无意义音节，直到能够按音节的排列顺序回忆出这一系列音节为止。记下达到完全记住所需要的学习次数。间隔 20 分钟后，让被试回忆，看他还记得多少。他让被试重新学习不能完全回忆的音节，直至能够完全回忆为止，记下再次重复学习的次数。将第一次学习的次数减去重新学习的次数，再除以第一次学习的次数，所得百分比就是记忆保持量。可用如下公式表示：

$$R = (N-n)/N \times 100\%$$

R——记忆保持量；N——第一次学习的次数；n——重新学习的次数。

艾宾浩斯不断增加两次学习之间的时间间隔，20 分钟、1 小时、8.8 小时、1 天、2 天、6 天、31 天……计算不同时间间隔的记忆保持量（每次都使用不同的无意义音节序列），得出了如下结果（见表 1.1）。

表 1.1　不同时间间隔后的记忆成绩

时间间隔	20 分钟	1 小时	8.8 小时	1 天	2 天	6 天	31 天
保持量	58.2%	44.2%	35.8%	33.7%	27.8%	25.4%	21.1%

二、遗忘曲线与遗忘规律

　　记忆是一种高级心理过程，受到多种因素的影响。艾宾浩斯通过严格的实验室控制对记忆的过程进行了定量分析。从实验中，他得出了以下几个主要结论。（1）人类的遗忘遵循"先快后慢"的原则。从实验数据可知，初次学习以后（20 分钟），记忆的内容遗忘很快，保持下来的仅剩 58.2%；1 小时以后，剩 44.2%；但是接下去遗忘的速度越来越慢，过了 31 天，还能记得 21.1%。这说明，遗忘的进程不是均衡的，而是随着时间的增加呈线形下降，即在记忆的最初阶段遗忘的速度很快，后来就逐渐减慢了，到了相当长的时间后，几乎就不再遗忘了，这就是遗忘的发展规律。根据实验结果所描绘的曲线，被称为"艾宾浩斯遗忘曲线"（见图 1.1）。（2）有意义材料比无意义材料更容易记忆。艾宾浩斯通过实验发现，学习有意义的材料比学习无意义的材料速度要快得多。他曾背诵拜伦《唐璜》一诗中的选段，每段 80 个音节。他发现，大概只需诵读 9 次就可以把这 80 个音节背诵下来。但若记忆 80 个无意义音节，则几乎需要诵读 80 次之多。（3）学习背诵的次数越多，时间越长，记忆的保持越持久。

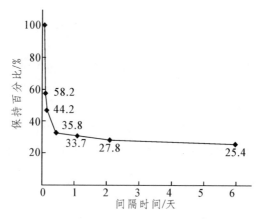

图 1.1　艾宾浩斯遗忘曲线

　　艾宾浩斯是第一个用实验法研究学习和记忆的心理学家，开辟了对记忆等高级心理功能进行客观研究的先河。这不仅是对冯特的挑战，而且从根本上改变了研究联想或学习的方法。在严格的实验研究的基础上，他描绘出了遗忘进程的曲线，即著名的艾宾浩斯记忆遗忘曲线。艾宾浩斯也因此成为发现记忆遗忘规律、初步揭开遗忘秘密的第一人。

　　艾宾浩斯之后，越来越多的心理学家研究记忆、研究遗忘，使关于记忆的机制、记忆的规律等记忆的秘密不断地被揭示，为人类增强记忆能力提供了越来越多的理论支持和实践支撑。

三、艾宾浩斯记忆遗忘实验在教学中的运用

（1）将学生分为四组，每组给定不同的记忆材料，但组与组之间相互不清楚记忆材料不同。第一组记忆 10 个无意义音节，第二组记忆 50 个无意义音节，第三组记忆一段包含 50 个汉字的哲学论述，第四组记忆一段包含 50 个汉字的诗歌，最后的一分钟由组内同学互相检查记忆效果并记录。

（2）让学生自己统计记忆保持量。因为课堂时间所限，保持量以 $R = n / N \times 100\%$（R——保持量，N——需记忆材料总量，n——实际记忆材料量）来计算，然后每组汇报保持量。由于事先学生不清楚各自记忆的材料有所不同，所以当记忆保持量存在较大差异时就会质疑、探究。

（3）请各组派代表呈现记忆材料，并现场接受其他组同学的检查。在此过程中，教师要引导学生分析形成记忆效果差异的原因，如材料性质（组间）、记忆方法（组内）、态度动机（组内）等，然后教师归纳小结（影响人的记忆效果的因素很多，心理学家很早就开始探究记忆规律、揭示记忆原理，引出记忆研究第一人——艾宾浩斯）。

（4）介绍艾宾浩斯记忆遗忘实验。在上述影响记忆效果的原因分析中，增加时间因素（艾宾浩斯）；在记忆保持量测量方式上，归纳出重学法、节省法等多种方法。在这一环节中，教师要注重对同一问题引导学生变换角度思考，培养学生的思辨精神和质疑能力。

（5）呈现事先录制的高年级同学实习过程中指导中小学生加强记忆力训练的小视频，在掌握遗忘规律的基础上理解遗忘研究对教学与学习的支持。

（6）小结。

① 及时复习；② 分散复习；③ 反复阅读与尝试回忆结合；④ 复习方式多样化；⑤ 多种感官参与复习；⑥ 积极寻找材料之间的联系，采用有意义的记忆材料；⑦ 不同性质的信息穿插输入；⑧ 找到属于自己的个性化的艾宾浩斯记忆遗忘曲线。

实验二　贝登记忆方法实验——专家与新手的记忆差异为什么那么大？

一、实验简介

为了比较专家与新手之间记忆的差异，贝登（B. G. Bedon）在霍华德（D. V.

Howard）的指导下完成了一项饶有趣味的研究。贝登在美国汤普金斯空手道协会夏季空手道医疗中心选择了 30 名被试，其中“专家”和“新手”各 15 名。实验者对专家的界定是：顶级的黑带或是在空手道学校学习至少有 3 年半的经验。对新手的界定是：白带或黄带，或是任何空手道训练时间少于 1 年半、多于 4 个月的空手道选手。被试在同一场景中观摩一套由空手道教官设计的全新的空手道动作套路。演示结束后，实验者向被试询问了不同动作出现的频率。在随后的 5 分钟里，要求被试以 3 为单位大声数数，然后是 1 分钟的自由回忆测验，要求被试尽可能回忆出所看到的任何技术。

实验结果表明：专家在自由回忆整套技术动作时效果要明显优于新手。贝登等研究者发现，在回忆过程中，新手仅仅是努力回忆出他所记得的技术动作，而专家则会利用回忆策略。也就是说，如果专家回忆到“前屈立”的姿势，那么他同时也会回忆起“上格挡”和“下格挡”的动作。他会将信息组合成一个整体集合来回忆。因此，研究者认为空手道专家的优势就在于多年的经验积累使其具有完整系统的知识储备，而新手则缺乏将所见动作组成大块有意义信息的能力。

二、新手与专家在知识储备方面的差异

专家在知识回忆方面的效果之所以优于新手，不仅是因为专家对知识进行了更多重复记忆，更重要的是专家对知识信息进行了加工整合和模块化处理。因此，当他回忆起某项知识点时，所提取的信息不仅仅是知识点本身，而是与之相关联的整个集合。这种模块化的组织，在心理学中称为“组块”。每个人的工作记忆容纳的组块多少是相对固定的，大约为 7 ± 2 个组块。组块是指人们生活中熟悉的并加以组织的记忆单位，它可以是一个数字、一个词，也可以是一组数字、短语或一个句子，也就是说，每个组块的大小有着很大的差异。以上面的实验为例，对一个新手来说，一到三个动作很有可能就是一个组块，而专家由于长期接触空手道技术，能把很多个动作看作一个组块，所以虽然专家与新手在短时间内回忆的组块是差不多的，但是最后回忆的动作数量却有着显著差异。因此，形成大容量的组块的重要因素是要对知识达到深度的理解，形成能够轻松提取的单位。

三、贝登记忆方法实验在教学中的运用

（1）邀请计算机科学与技术、生物技术及应用、数学专业的同学（或本系相关专业的老师）参与课前两分钟的记忆活动，快速呈现四组记忆材料。

第一组材料（见图 1.2）。

```
#include<stdio.h>
```

```
main( )
{ printf("1 2 3 4/n");
  printf("%d %d %d %d/n"，1，2，3，4);
  printf("1");
  printf("2");
  printf("3");
  printf("4/n");

                  return 0；}
```

图 1.2 第一组材料

第二组材料（见图 1.3）。

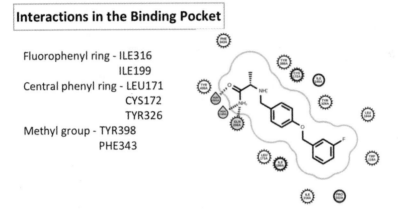

a

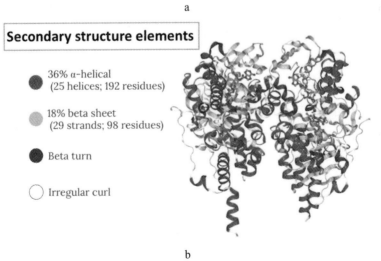

b

图 1.3 第二组材料

第三组材料：20 个数学公式。

第四组材料：一段高中语文课文。

教师提问：这些内容你能很快记住吗？要记熟它们大概要花多长时间？

（2）请相关专业的老师或同学呈现他们的记忆结果。同学们发现第一张图片对计算机专业的人来讲简直轻而易举；第二张图片的内容对生物系的同学也是小菜一碟；数学系的同学已经脱口而出的时候我们还在第四、第五个公式中纠结……引发学生好奇：为什么我们难以记忆的材料在别人那里却易如反掌？是我们不够聪明还是我们不够努力？我们要怎样才能记得快、记得准、记得牢？

（3）介绍贝登记忆方法实验。

（4）在实验结果的基础上，引导学生结合自己的成长经历分组讨论。

教师小结：在日常生活中，我们发现，学生年龄不同，其记忆方式也不同。小学低段的学生更喜欢死记硬背，其实这是因为低龄儿童的记忆是以字为单位，他们必须逐字逐句地记忆才能把课文记住；到了高年级以后，随着识字量的增加、阅读技能的熟练，学生的阅读逐渐成为一个自动化的过程，更重要的是，他们对阅读的内容有了更多的理解、思考和整合，这能够增加每一个组块的容量。心理学研究者拉伯格和萨缪尔斯（LaBerge，Samuels，1974）曾通过实验证明，当字母和单词通过练习达到阅读的自动化程度时，再认单词所需的资源会相应减少。因此，在教育的初期，教师和家长必须重视孩子对基础知识的掌握程度。只有这样，他们才能够在自己的知识结构中形成相应的组块，学习时才能够及时把新知识同化到自己的知识结构中；当需要提取信息时，也才能够像专家一样迅速反应，形成一个自动化的过程。

实验三　陆钦斯心理定势实验

一、实验简介

为揭示心理定势对问题解决的影响，1942 年，心理学家陆钦斯（Luchins）等人以大学生为被试，以先前学习的问题解决方法对后续问题解决方案的影响为内容，进行了一项有趣的心理学实验研究。

陆钦斯给被试提出了一系列与装有不同水量的水罐有关的数学问题，要求被试用这些水罐作为量具，任务是最后量取一定量的水。例如，如果水罐 A 可盛 21 升水，水罐 B 可盛 127 升水，水罐 C 可盛 3 升水，那么该如何量取 100 升水呢？答案是在水罐 B 中盛满水，从其中倒出一些水盛满水罐 A，接着用水罐 B 中的水盛满水罐 C 两次，最后水罐 B 中盛的水就是 100 升，即 B-A-2C。不断训练被试，熟悉 B-A-2C 规则，被试开始认为解决问题都是同一个规则（见图 1.4）。

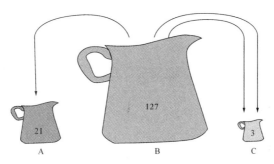

图 1.4 水罐实验

正式实验时，将大学生被试分为两组，实验组要求被试按顺序完成从任务 1 到任务 8；控制组则被要求完成任务 6、7、8。

从实验结果可以看到（见表 1.2、表 1.3），由于受到 B－A－2C 规则的影响，实验组在解决第 6、7、8 个任务时表现更差。因为只需用 A＋C 或 A－C 就很容易解决的问题，却由于受到先前定势的影响，被试仍是选用复杂的规则而不考虑简单的规则。例如，任务 6 用两种规则都可以完成，很多被试却并没有注意到；实验组采用更简单方式解决问题的仅有 17%。实验结果说明了定势的影响（见图 1.5）。

表 1.2　定势对问题解决影响的实验材料表

问　题	已知量水器			求 D	习惯的解法	更简单的新解法
	A	B	C			
1	21	127	3	100	D＝B－A－2C	
2	14	163	25	99	D＝B－A－2C	
3	18	43	10	5	D＝B－A－2C	
4	9	42	6	21	D＝B－A－2C	
5	20	59	4	31	D＝B－A－2C	
6	23	49	3	20	D＝B－A－2C	D＝A－C
7	15	39	3	18	D＝B－A－2C	D＝A＋C
8	28	59	3	25	D＝B－A－2C	D＝A－C

表 1.3　定势对问题解决影响的实验结果表

组　别	人　数	采用 D＝B－A－2C 方法的正确解答（%）	采用 D＝A±C 方法的正确解答（%）	方法错误（%）
实验组	79	81	17	2
控制组	57	0	100	0

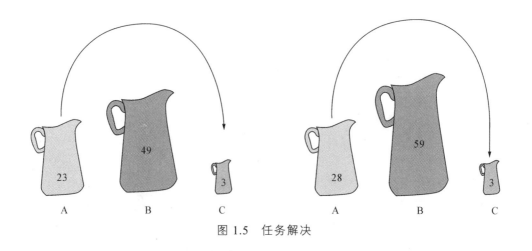

图 1.5　任务解决

二、心理定势与问题解决

心理定势是指心理活动的一种准备状态，它影响解决问题时的倾向性。这个概念最早由德国格式塔心理学家缪勒（G. E. Muller）和舒曼（F. Schumann）在 1899 年概括重量错觉实验时提出。他们采用了"心向"这个术语，它可以被认为是一种"盲目的习惯效应"。心理定势使人们在解决问题时具有一种倾向习性，并影响问题解决。

大多数人都会认为，我们已经掌握的知识对我们顺利解决问题是有积极意义的。确实，在日常生活与学习中，存在着大量不需要创造性解决方案的实际问题，只要按照已有的解决方案按部就班进行就可以顺利解决。当个体已经熟练掌握解决问题的方案时，就会形成很强的心理定势，很快进入问题解决的过程，并且也能达到快速解决问题的目的。在解决这类问题时，经过大量训练、拥有大量知识的熟手就比没有经过训练的新手显示出更大的优越性，这个优越性很大一部分应该归功于心理定势。

虽然心理定势在解决常规问题时有很大的作用，但在某些条件下，会降低解决问题的效率，甚至会让我们走入思维误区，无法解决一个原本简单的问题。如在需要创造性解决方案时，心理定势会使问题解决的思维活动变得机械，不具备灵活性，往往会使人陷入思维的困境，无法摆脱。

三、陆钦斯心理定势实验在教学中的运用

（1）案例引入。请两位学生扮演爱迪生及其助手，共同完成一次工作。爱迪生让他的助手——一位数学系的高才生测量一个梨形的玻璃器皿的容积。爱迪生吩咐完了之后，就去做别的事情了。过了很长时间，这位助手也没有告诉他结果如何。爱迪生觉得很奇怪，过来一看，助手还在忙活：他按常规的方法，对这个器皿的长宽高等进行反复测量，还在纸上画了许多图，写满了高等数学中计算体积的各种公式，但由

于这个玻璃器皿形状太奇怪，所以他花了很长时间，还是没有计算出它的容积来。爱迪生见此情形，笑着拿起那个玻璃器皿，把它装满水，然后把水倒入量杯中。他告诉助手："看看它的刻度，那就是这个器皿的容积。"爱迪生的助手为什么会出现这样的错误？

这其实就是心理定势现象。由于这位助手受过严格的数学训练，所以接受任务的时候，他的第一反应就是高等数学中各种高深的数学公式，却想不到用简单到小学生都会用的测量方法。

（2）议议我们生活中存在哪些受定势影响的事情。

（3）介绍陆钦斯实验。

（4）分组讨论：① 心理定势是如何形成的？② 心理定势对问题解决的积极作用和消极作用，如何利用积极作用促进问题解决？如何克服消极作用对问题解决的阻碍？

讨论：克服心理定势消极作用的方法——注重发散思维的培养。发散思维又称"辐射思维"，是指沿着不同的思维路径、不同的思维角度，从不同的层面和不同的关系出发来思考问题，以求得解决问题的种种可能方法，并在此基础上优选出最佳的解决问题的方案。心理学家吉尔福特（J. P. Guilford）认为发散思维是创造性的主要成分，并设计了发散思维测验。通过测量发散思维的流畅性、变通性、独特性来衡量创造性的高低。创造力强的人其思维的变通性较强，他们在解决问题时能触类旁通、举一反三。

引导学生回忆、分析中小学老师培养发散思维的具体做法，如"一题多解""一题多变""组词接龙""偏旁成字""根据材料作文""为材料添加不同要求的结尾""寓言故事新解""成语新解"等。以"一题多解"为例，如果经常训练运用多种方法解题，就会拓宽解题思路，增强解题技巧，那么学生再碰到数学难题时，一种解法行不通，便会灵活地转换另一种方法。遇到问题能够提供多种不同的解决方法，利用吉尔福特创造性思维理论的语言来说，就是具有良好的"变通性"。因此，一题多解的本质就是要培养学生的创造性思维能力。

心理定势在解决常规问题上具有一定的积极作用，但是一般情况下会阻碍我们的创造性思维。我们在日常学习中，应当注意分析问题的性质，一方面要善于利用心理定势，加快常规问题的解决速度，另一方面要避免心理定势的，提高创造性解决问题的成功率。

实验四　塞里格曼的习得性无助实验
——狗为什么变得绝望？

一、实验简介

著名心理学家塞里格曼（Martin E. P. Seligman）认为我们对能力和控制的知觉是

从经验中习得的，当一个人控制特定事件的努力遭受多次失败后，这个人将停止这种尝试。如果这种情形出现得太频繁，这个人就会把这种控制缺失的知觉泛化到所有的情境中，甚至泛化到实际上控制能发生作用的情境中，产生习得性无助。塞里格曼对此进行了相关的经典实验研究。

为研究习得性无助行为的产生和影响，美国心理学家塞里格曼在宾夕法尼亚大学以狗为被试，进行了实验研究。研究人员将狗随机分为三组，每组八只。第一组是可逃脱组，第二组是不可逃脱组，第三组是无束缚的控制组。研究人员将不可逃脱组的狗与逃脱组的狗一一配对，它们均被单独安置并固定，只能稍微移动。在每只狗的头部安上一个垫圈，用以控制电击。两组的不同之处在于可逃脱组的狗有能力终止电击，而不可逃脱组的狗却不能。可逃脱组的狗受到电击后，可以通过挤压头部垫圈来终止电击，而不可逃脱组的狗则在受到电击后，无论做什么，电击都将继续，即丧失了终止电击的控制权。但对两组狗电击的时间是一致的，一旦可逃脱组的狗通过挤压垫圈终止电击，对不可逃脱组的狗的电击亦同时停止，确保两组狗接受电击的时间和强度完全相同，控制组的狗在这一阶段不接受任何电击。在第一个实验阶段中，可逃脱组和不可逃脱组的狗在 90 秒的时间里同时接受了 64 次电击。可逃脱组的狗在挣扎中发现用头部挤压垫圈可以终止电击，于是它们很快就学会了这一解脱办法。对它们的电击停止后，对不可逃脱组的狗也随之停止电击，但不可逃脱组的狗对于终止电击是无能为力的。24 小时后，开始第二个实验阶段，三组狗都被关在装有灯的箱子里。研究人员对箱子进行了改造，底部设置了电流。只要灯灭掉 10 秒钟后，电流就会通过箱子底部。因此，狗如果能在 10 秒钟内跳过隔板，就能避免电击，否则它将持续遭受电击，直到它跳过隔板或者等到 60 秒钟电击结束。对每只狗都进行了 10 次电击实验。不可逃脱组的狗 7 天后在箱子中再次接受 10 次额外测试。研究人员记录了每组被试从灯光熄灭到跳过隔板结束电击平均需要的时间和每组中完全没学会逃脱电击的狗所占的比例（见图 1.6）。

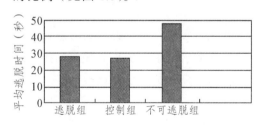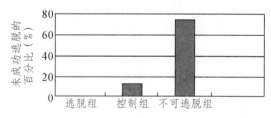

图 1.6　习得性无助实验结果

实验结果表明，在第一阶段的 90 秒时间里接受 64 次电击的实验过程中，可逃脱组的狗通过挤压垫圈，电击的时间迅速缩短；而不可逃脱组的挤压垫圈行为在 30 次尝试后便完全放弃。图 1.6 中，左边的图表示在箱子中进行的全部实验中，三组狗逃脱所用的平均时间。可以看出，不可逃脱组与其他两组间存在着显著差异；但可逃脱组与控制组之间却没有显著差异。图 1.6 中，右边的图表示 10 次尝试中至少有 9 次不能跳过隔板并避免电击的狗在每组中所占的比例。可逃脱组与不可逃脱组之间也存在非常显著的差异，不可逃脱组的 6 只狗在 9 次甚至全部 10 次尝试中完全失败。7 天后，这 6 只狗被放入箱子中再次进行实验，结果 6 只狗中的 5 只没能在任何一次尝试中逃脱电击。因为可逃脱组的狗在前一实验阶段已经习得了自己的行为与电击终止之间的相关，因此，它们能主动跳过隔板并逃离电击。而不可逃脱组在前一阶段的行为与电击的终止毫无关系，因此，在箱子中它们并不认为自己能终止电击，所以它们不会主动尝试逃脱，它们习得了无助感。从以上实验结果中我们可以看到，动物在有了对某些外部事件无法控制的经验时，即动物处于经过努力仍无法避开的有害的或不愉快的情境而获得失败经验后，就会对后来应付特定事件的能力产生破坏效应，它们会消极地接受自己的命运，不进行任何尝试和努力。塞里格曼称这一现象为"习得性无助"。

二、动机、行为改变与习得性无助

认知动机理论的中心观点是人们总是试图对生活中的重要方面进行控制。根据罗特的观点，个体对行为的产生有两种看法：一种认为结果与自己的行为无关，自己无法左右局面；一种认为结果与自己的行为有直接的关系，是自己可以控制的。但如果挫折情境一再发生，当个体发现无论他如何努力，无论用什么办法都无法掌控局势，都以失败而告终时，那会是怎样的一种境地呢？

归因。在学校中，学生对事件的归因会影响他们对自己、老师、学校以及课程的信念和评价。这些情绪和信念会在学生再次面临相似情境时影响学生的动机。一般来说，成功的事件会引发个体积极的情绪体验；反之，失败的经验会引发消极的情绪体验。

控制点。如果控制点在外部，学生的情绪会指向外部。在成功情境中，个体的外归因会引起感恩等情绪；在失败情境中，个体的外归因会引起愤怒或沮丧等情绪。此外，个体认为控制点在他人，会影响个体对他人的情绪反应。例如，学生认为考试失败是因为任课老师教得不好（遇到这位老师是自己运气不好），就会感到不公平、不幸，而抱怨学校和老师。

习得性无助。习得性无助是指个体经历了某种学习后，在情感、认知和行为上表现出消极的、特殊的心理状态。其最常见的描述是：一个人消极地面对生活，经常没有意志力去战胜困境，而且依赖别人的意见和帮助。成因不单是生活情况的改变，或是特殊的生活体验，服用药物有时也会出现这种心理困境。在诸多造成习得性无助感的成因当中，最显而易见、可预测的是大环境的改变，如战争、天灾等都会导致一个人出现习得性无助感。

三、塞里格曼习得性无助实验在教学中的运用

（1）实验 A：把学生分为三组，给第一组学生听一种噪音，但他们无论如何也不

能使噪音停止；第二组学生也听这种噪音，不过他们通过努力可以使噪音停止；第三组是控制组，不听噪音。实验 B：实验装置是一只"手指穿梭箱"，当被试把手指放进穿梭箱时，耳机里就会听到一种强烈的噪音，反复移动手指后，就听不到噪音了。实验结果表明，第二组、第三组的学生很快就使噪音停止，而第一组的学生，他们的手指仍然停留在原处，听任刺耳的噪音响下去。实验 C：要求三组学生把下列字母排列成单词，比如 ISOEN，DERRO。实验结果表明，第三组学生的完成情况最差。

（2）分组讨论造成三组不同结果的原因，引导学生学会分析。第一组学生在实验 A 中无论怎样努力也不能使噪音停止，导致在实验 B 中也会认为对待噪音无能为力，自然也放弃改变噪音的想法，在实验 C 中，稍微遭遇困难，便出现逃避努力、放弃学习的状态；第二组学生在实验 A 中通过努力成功地消除噪音，在实验 B、实验 C 中也有满满的信心努力完成任务。

（3）介绍塞里格曼习得性无助实验，引导学生了解、认识习得性无助在动物、人类的行为中是一种普遍性的存在。

（4）结合中小学教育实际分析学生习得性无助的形成及对学生学习行为的影响。

（5）讲解归纳小结。

如果一个人总是在一项工作上失败，他就会在这项工作上放弃努力，甚至还会因此对自身产生怀疑，觉得自己"这也不行，那也不行"，无可救药，而事实上，他并不是"真的不行"，而是陷入了"习得性无助"的心理状态，这种心理让人们自设牢笼，把失败的原因归结为自身不可改变的因素，放弃继续尝试。破罐子破摔，比如，认为学习成绩差是因为自己智商不高，失恋是因为自己本身令人讨厌等。所以，要想让自己不绝望，必须学会客观理性地归因。

如果一个学生一次次参加考试，一次次地考不及格，久而久之他会对学习失去信心，甚至产生厌学情绪，于是上课开始不喜欢听讲，经常走神，有时还会破坏课堂纪律，课后也不再认真复习功课了。

如果孩子的每一次尝试成人都报以厉声呵斥"不准……"或大惊小怪地惊呼"危险！不要……"时，他就好像被电击了一样，久而久之，他对自己要做的事情变得不自信了，因为他不知道做完了之后大人是不是又该大声说"不"了。长此以往，他也许会如成人所愿，变成一个"乖"孩子，哪儿也不碰，什么也不摸，但却把"自卑"的种子深深地根植于心中。

总之，产生了习得性无助的个体往往不能确立恰当的目标，遇到困难时容易自暴自弃，他们对于失败的恐惧远远超过对成功的希望，因而成就动机很低，自我概念和自我效能感也低，他们更倾向设定较低的目标以避免最后失败的体验。遇到挫折时，他们往往没有自信心，不经过努力便会放弃。因为他的生活经验更多是失败的，他们怀疑自己的能力，又受到周围人的消极评价，从而他们逐渐认定自己永远是一个失败者，认为无论自己怎样努力也无济于事，并以消极的方式对待学习问题。从情绪上看，习得性无助的学生容易表现为烦躁、冷淡、绝望、害怕、被动，陷入情绪抑郁状态，表现为焦虑、自暴自弃、害怕学业失败而逃避学习。习得性无助心理的形成，往往与周围他人的消极评价和不良的环境有关。生活中绝大多数人是积极向上、充满热情的，只是有些人在经历了一系列失败后，他们开始相信自身缺少取得成功的能力，产生自卑心理，因而破罐子破摔。

针对习得性无助学生，教师应做到：第一，改变家长和自身的评价观念，形成对学生的积极评价；第二，培养学生良好的自我概念；第三，对学生进行归因训练。

实验五　邓克尔功能固着实验

一、实验简介

为了考察功能固着对问题解决的影响，心理学家邓克尔进行了蜡烛台实验。实验开始，研究人员让两组被试解决一个相同的问题，但问题设置的方式不同。研究人员给被试提供的实验材料包括 3 支蜡烛、3 个火柴盒、几根火柴、几枚图钉和一块竖直放置的软木板。要求运用桌上的任意物品，将 3 支蜡烛固定在软木板上，而且要与木板平面平行、与桌面垂直。问题设置的方式有两种：（1）蜡烛、火柴和图钉分别装在 3 个火柴盒里。（2）蜡烛、火柴和图钉分开放置，火柴盒里不放任何东西。也就是说，两种设置方式的唯一区别是，火柴盒里是否装了东西。实验时，第一组被试在第一种设置方式下独立解决问题，第二组被试在第二种设置方式下独立解决问题。研究人员负责记下在规定的 29 分钟时间内成功解决问题的各组人数。

其实问题的答案很简单，如图 1.7 所示，只要点燃火柴，将蜡烛底部融化，再将其粘在火柴盒上，这样，等蜡烛油冷却凝固以后，蜡烛就与火柴盒黏合在一起固定住了，然后将盒子用图钉钉在木板上，就让火柴盒变成了烛台。

① 蜡烛问题情境

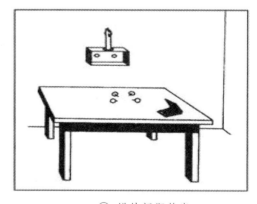
② 蜡烛问题答案

图 1.7　蜡烛台实验

实验结果非常有意思，实验组的成绩远远不如控制组。在规定时间内，实验组中只有 40% 的人解决了问题，控制组却有 86% 的人顺利解决了问题，而两组被试解决问题时所面临的情况只有一个区别，即火柴盒与火柴有没有分离。显然，火柴盒装了东西以后，被试很容易受到功能固着的影响，难以想到火柴盒可以作为烛台使用，而火柴盒里面不装东西，被试就比较容易想到把它利用上，发挥它的其他用途。正是这个唯一的区别导致两组被试成绩明显不同。

二、功能固着与影响问题解决的因素

功能固着是指个体在解决问题时只看到某种事物的通常功能，而看不到它的其他方面的功能。例如，钥匙是开锁用的，箱子是装东西用的。可是在问题情境中，现有的事物绝不可能是像一把钥匙开一把锁那样简单的关系，而是需要靠个人运用思维，以发现事物与问题情境之间的新关系。砖是用来砌墙的，但必要时也可以用来抵御伤害。在解决问题的过程中，改变事物固有的功能以适应新的需要，是解决问题的关键。可是这个关键却常因受事物固有功能观念的限制而不易突破。

三、邓克尔功能固着实验在教学中的运用

（1）实验材料准备（见表 1.4）。将学生分成 4 组，其中随机分配两组为实验组，另外两组为控制组（高年级学生充当课堂小助手，分别指导各组学生按相应的实验规范完成，每小组学生 10 ~ 15 人，小助手 1 ~ 2 人）。

表 1.4　邓克尔功能固着实验材料表

组　别	工　具	练习工作	解决新问题	参与人数	成绩（%）
实验组	钻　子	钻　洞	支撑绳索	14	71
	箱　子	盛　物	做垫脚台	7	43
	钳　子	打开铁丝结	支撑木板	9	44
	秤　锤	称重量	做钉锤用	12	75
	回形针	夹　纸	做挂钩用	7	57
控制组	同实验组	同实验组	同实验组	10	100
				7	100
				15	100
				12	100
				7	86

（2）每组统计汇报完成任务结果，并将实际完成情况填入表 1.5。引导学生对结果进行分析，为什么同样的活动任务，结果却不同。需要分析实验组与控制组（实验组即 1、2 组，控制组即 3、4 组）内成员的差异。要求学生讨论、分析造成差异的原因（情境、指导语、个人特质、思维习惯、物品的熟悉程度——功能固着）。

表 1.5　实验完成情况汇总

		实际完成情况					
		任务 1	任务 2	任务 3	任务 4	任务 5	合计
实验组	第一组						
	第二组						
控制组	第三组						
	第四组						

（3）介绍邓克尔功能固着实验及结果，将实验结果与学生的结果进行比较，进一步分析数据存在差异的原因。

（4）小结。邓克尔功能固着实验给我们的启示是相当深刻的。要创造性地解决问题，必须时刻警惕功能固着的影响。功能固着指的是这样一种现象：一个人知道某一物品的某一或某些功用后，再难以发现这个物品的其他功用。也就是说，我们仅仅局限于这些常规的功用，没想到还有其他功用。

功能固着心理使个体认知刻板、呆滞、僵化，成为习惯性思维。这时，心理形成了一定的定势，自己的认识也会囿于一定范围，行为上就会止步不前，难以继续探索。不难看出，功能固着本质上是心理定势的一种。在现实生活中，功能固着现象比较常见，因而成为心理定势研究中的一个重要内容。

一个人对某种物体的常用功能越熟悉，就越难发现这种物体在其他方面的新功能。例如，尺子是用来测量物体长度的，有些人就想不到它还可以做教鞭和指挥棒；有些人只有用尺子才能测量物体的长度，没有尺子就想不出办法来测量物体的长度……这些都是受物体一般功用的限制而不能变化思考的结果。功能固着的消极影响是十分大的，我们一定要尽量消除其消极影响。

心理学家吉尔福特认为发散思维是创造性的主要成分，衡量发散思维发展水平的主要指标即流畅性、变通性、独特性。独特性是指对问题提出超乎寻常、独特新颖的见解。如果提出物品的非常规用途，就是思维独特性的突出表现。变通性指的是发散项目的范围或维度，范围越大，维度越多，变通性就越强。创造力强的人思维的变通性较强，他们在解决问题时能触类旁通、举一反三。因此，启发个体去突破一个物体的常规用途，多进行非常规的功能的思考是培养创造性的有效途径之一。有意识地引入挑战常规用途的问题，能很好地激发个体的思维。根据吉尔福特的创造力理论，一旦学生提出了物品的非常规功能，其思维的独特性与变通性都得到很好的锻炼。通过这种联想与创造性思维的培养，学生从僵化的思维模式中解放出来，并展开想象的翅膀，迸发出创造的火花。

实验六　格塞尔双生子爬梯实验

一、实验简介

为了探索训练能否促进或加速爬梯行为的出现，从而进一步揭示学习与个体成熟之间的关系，1929 年，格塞尔（Gesell）与其同事汤普生（H. Thompson）博士进行了著名的同卵双生子爬楼梯实验。

为了考察学习对儿童的影响，格塞尔（Gesell）找了一对 46 周大的同卵双生子作为被试，并专门为他们设计了五级楼梯作为训练工具。实验从这对双生子的第 47 周开始。这时，他们连一级楼梯都爬不上。研究者从他们中间随机选择一人作为训练双生子，简称"T"，T 从 48 周开始每天接受爬楼梯训练，每次 10 分钟，共持续 6 周。而另一人就成为控制双生子，简称"C"，C 不接受任何爬梯训练，甚至身边连楼梯都没有。六周之后，T 已经能够顺利地爬上楼梯，且用时很短，只需 25 秒，而 C 却连楼梯都不愿碰一下。在双生子满 53 周时，研究者再次将 C 放置在楼梯附近，C 在没有经过任何训练，也没有任何人帮助的情况下，就能一直爬到楼梯顶端。随后，研究人员让 C 也接受连续两周的爬楼梯训练，并通过录像对训练双生子 T 满 52 周时的爬楼梯情况和控制双生子 C 满 55 周时爬楼梯情况进行了对比分析，以此来验证实验假设（见图 1.8）。

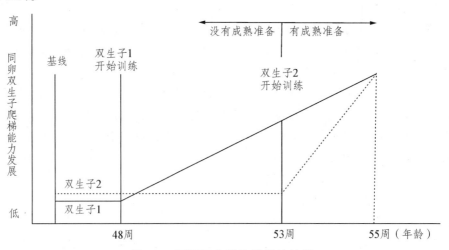

图 1.8　同卵双生子爬梯训练结果

从实验结果来看，虽然训练双生子 T 提前 6 周开始进行训练，并且训练的时间是控制双生子 C 的三倍，但是两人的爬梯能力最终没有什么区别。换言之，T 的训练并没有显示任何优势，而 C 到了某一时期，不需要事先训练，爬梯成绩与技能如水到渠成般地与 T 一样好。这个结论有力地印证了格塞尔（Gesell）的"成熟说"观点，表明在某些方面，儿童的成长是受成熟机制制约的，人为进行的提前训练效果不一定更好，过早的训练也许只能取得事倍功半的效果，而孩子们的发展最终会趋于他们的正常水平。

二、"遗传决定论"与"环境决定论"

儿童教育是一个极为敏感的问题。家长们为孩子的教育费尽心思，往往孩子还未出生，就开始进行胎教，强调早期教育。不可否认，孩子的可塑性很强，接受教育的可能性很大，但是，这种可能性究竟有多大呢？

在心理科学的发展过程中，儿童教育也是学者们长期争论的问题，如高尔顿的"优生学"、霍尔的"复演说"、洛克的"白板说"、华生的"环境决定论"等。

格塞尔（Gesell）旗帜鲜明地主张"成熟说"，他认为支配儿童心理发展的因素有两个，即成熟和学习。在他看来，人的行为发展主要是在其内部基因指导下的成熟力量所决定的，环境因素只能起到支持与调节的作用，而不能决定发展的过程。因此，人的行为实际上是按照可预测的方向和模式化的方式发展的。因此，学习要建立在生理"准备状态"的基础上。在基因内的成熟力量未达到准备状态时，学习是不会发生的；只有当生理上的状态准备好时，学习才会生效。这就是"成熟—学习"原则。格塞尔（Gesell）在大量研究的基础上，提出了儿童行为发展的基本原则：（1）发展的方向性原则。（2）相互交织原则。（3）机能不对称原则。（4）个体成熟原则。（5）自我调节原则等。

格塞尔（Gesell）用其双生子爬梯实验证明了成熟支配着儿童成长的基本观点。当一个婴儿即将表现出某项发展性行为时，严格的训练有时能够使这项行为比不接受训练稍微早出现一点，但最后达到的成绩相同，说明在孩子成熟前的训练起不了多大作用。格塞尔（Gesell）认为，在对儿童进行训练和教育时，必须同时重视遗传和环境的作用，而且环境因素只是调节了发展的进程，遗传和成熟则决定这个发展进程。儿童的发展有一定的生物内在进度表，与其一定的年龄阶段相适应，儿童的成长是受成熟机制制约的。因此，儿童的成长特征实际上是内在因素和外在因素之间相互作用的最后产物的表现。所以，我们的教育必须依据儿童自身发展阶段的特点和身心发展的规律，应循序渐进地学习，绝不能不顾儿童自身发展的内在规律而拔苗助长。

三、格塞尔（Gesell）双生子爬梯实验在教学中的运用

（1）提前布置课前阅读，收集有关遗传、环境、教育对个体身心发展影响的研究与案例。教师提前在教室布置几个区域，分别是遗传、环境、教育、个体等，学生按自己课前理解进入相应区域。

（2）请各区域学生共享收集的影响因素，然后每组派出一名代表陈述影响身心发

展的因素。各组陈述完后，可组织讨论、质疑、对话等活动。

（3）教师要根据讨论、质疑进程，适时播放短视频，短视频要支持各家各派的主要观点，让各种观点的学生都能获得支持但又在争论中存有自我怀疑，形成学生的认知冲突。

（4）介绍格塞尔（Gesell）双生子爬梯实验，印证格塞尔（Gesell）的观点，同时指出由于社会历史发展、研究方式、研究手段、科学进展等各种因素的影响，以及不同历史时期人们的认知局限，对于个体心理发展的认识和理解会有一些不足或偏颇，在这一过程中重视引导学生形成辩证思维，学会用发展的眼光、客观的标准、科学的精神去对待历史，对待前人的研究成果。

（5）思考小结：个体心理发展是教育训练的基础。个体在成长过程中，先天的成熟与后天的学习是分不开的，当个体的内在生理基础和成熟程度不够时，外在的训练和教学往往就收不到应有的效果；只有当个体成熟达到一定程度，这时的训练和学习才是水到渠成、顺理成章的。我们不支持过早盲目地把孩子拉到成人世界，强迫他们掌握超越其年龄的技能和知识，应遵循发展规律，利用"最近发展区"、重视"关键期"，适当地加速孩子的成长。

实验七　劳伦兹印刻实验——关键期对个体认知发展的影响

一、实验简介

奥地利生物学家劳伦兹（K.Z.Lorenz）长期观察研究动物的行为，他发现，小鸭子在出生后不久所遇到的某一种刺激或对象（母鸡、人或电动玩具）会印入它的感觉之中，使它对这种最先印入的刺激产生偏好和追随反应。当它们以后再遇到这个刺激或和这个刺激类似的对象或刺激时，就会引起它的偏好或追随。但是，如果小鸭子在孵出蛋壳后时间较久才接触到外界的活动对象，它们就不会出现上述的偏好或追随行为。这一现象被劳伦兹称为"印刻"。随后劳伦兹进行了大量的这类实验：让刚刚破壳而出的小鸭子不先看到母鸭子，而首先看到劳伦兹自己，于是，有趣的事情发生了。劳伦兹在小鸭子前面走着，身后跟随着几只小鸭子。小鸭子将劳伦兹当成了自己的母亲。进一步的研究发现：小鸡、小鸟等辨认自己母亲和同类都是通过这一过程实现的，而且，这一现象在其他哺乳动物身上也有所发现。一般说来，小鸡、小鸭的"母亲印刻"的关键期在其出生后的 10～16 个小时，而小狗的"母亲印刻"关键期在其出生后的 3～7 周。研究还发现，动物在关键期内，不仅可以对自己的妈妈发生"母亲印刻"，而且如果自己的妈妈在小动物出生后不久就离开的话，它们也可以对其他动物发生"母亲印刻"。这就是为什么小鸭子追随劳伦兹的原因。

后来，人们做了大量的类似实验，证明印刻期是存在的，如小鸡的认母期是 6 天，小狗学会挖洞期是 7 天等。

二、个体心理发展与关键期

关键期，指对特定技能或行为模式的发展最敏感的时期或者做准备的时期。个体发育过程中的某些行为在适当环境刺激下才会出现，如果在这个时期缺少适当的环境刺激，这种行为便不会再产生。

影响个体发展的原因是多样的。遗传在一定程度上决定了个体的生物特征（如头发的颜色）和心理特征（如一般的气质），而另外一些过程则影响着人的行为模式（如教育与训练）。生理方面的成熟自然具有极其重要的意义。人的有些能力在刚出生时并不存在，而是按照一种预先安排的程序随年龄的增长和身体的发育而发展的。在与人体结构的成长有密切关系的行为方面，这些成熟的变化尤为明显，这些变化对不同文化背景的儿童差不多是相同的，因而极少受个体经验的影响。对所有个体来说，这些变化几乎是同时发生的，相对来说是不受专门训练的影响的。行为和能力中有许多是基本上符合上述标准的。例如婴儿走路和发出有意义的声音的能力，这两种能力是有赖于肌肉的生长发育和协调的能力，而这些在刚出生时是不具备的。显然，并非所有的行为变化都仅仅是遗传和成熟的产物。个体在出生之后，环境影响大大地扩大，行为方面最引人注目的变化开始发展，这些变化绝大多数归因于后天的经验和学习。行为也如生理变化一样，展示出年龄的突变性。我们常听人说："红红好像一夜之间变成大人了。"或者"上个月给东东买的鞋，现在就穿不进去了。"在一个很短的时期内出现引人注目的、永久性的变化，而在这些重要变化发生的前后极少或根本没有明显的预兆：这表示人的成长可能是一个阶段性的过程。个体出生之后，处于一个特定的发展阶段。一段时期后，他受到某些事件的激发，过渡到较为成熟的阶段。然后，接着又一个过渡，周而复始不断地发展。每一个阶段都建立在前一个阶段的发展之上，而心理的发展既是连续的又是有阶段的。

三、劳伦兹印刻实验在教学中的应用

（1）播放短视频（《猫和老鼠》中汤姆、吉瑞和小鸭子部分的片段），然后分组讨论为什么小鸭子不听老鼠吉瑞的劝告一定要将汤姆猫认作母亲？我们个人生活中是否也存在这种现象？

（2）呈现各组讨论结果，分析引起认知的偏差原因是多方面的，但心理发展有其自身的规律，讲解心理发展的规律并引出劳伦兹印刻实验——关键期（此实验若在研究原则、研究方法处使用，可以从劳伦兹实验的起因介绍——着重研究思路、研究规

范的训练；若在心理发展规律、心理学发展历史处使用，直接介绍印刻实验即可——着重基本概念、基本理论的掌握）

（3）互助学习及课后作业。反思、回忆自己成长过程中受关键期影响的事件，正面影响、反面影响都要列举，谈一谈自己今后作为教师或家长应如何关注、运用关键期来对学生或子女进行教育训练。

实验八　艾姆斯小屋——眼见为实？

一、实验简介

"艾姆斯房间"是美国心理学家阿德尔伯特·艾姆斯进行的知觉演示。艾姆斯设计的演示小屋，即艾姆斯小屋被设计成用一只眼睛通过窥视孔进行观察。

在小屋中，我们看到身高、体型完全相同的两个人在进入小屋后，竟然呈现出了"巨人"和"小矮人"的巨大身高差，仿佛进入了一个施了身高魔法的房间（见图1.9）。

图1.9　艾姆斯小屋视觉图

埃姆斯在建构小屋时，做了一些特别的设计，使房间成为非矩形表面，并在墙体、地板、天花板、窗户之间的比例上形成不规则角度，从前面看小屋似乎是正常的，实际上是右边矮左边高，小屋的左后角离窥孔更远，观察者从窥孔中看到的是一间普通房间，但是却出现了对站立者高度的不正确知觉。

二、知觉恒常性与错觉

知觉的恒常性，指当知觉条件在一定范围内发生变化时，知觉映象保持相对不变的特性。知觉恒常性有大小恒常性、形状恒常性、明度恒常性、颜色恒常性、方向恒常性。以大小恒常性为例。大小恒常性是指在一定范围内，个体对物体大小的知觉不完全随距离变化而变化，也不随视网膜上视像大小的变化而变化，其知觉映象仍按实际大小知觉的特征。可以用下列公式表示大小恒常性：

$$S = I \times D$$

其中 S 为知觉到的物体大小，D 为知觉物体的距离，I 为视网膜上的视像大小。这个公式说明，在视像相同的情况下，知觉事物的大小和主观感觉距离之间的关系，因此，又称为"大小－距离不变假设"。

大小知觉恒常性与距离、经验、环境线索之间的关系密切，如果在知觉某事物时距离因素发生偏差，就会对该物体的大小感到困惑而难以知觉。影响知觉恒常性的条件主要是知识经验和参照物。

错觉是指在特定的条件下必然会产生的对事物的不正确的知觉，如我们觉得"日初出大如车盖，及日中则如盘盂"，虽明知其错，但在相同条件下观察太阳时，依然会产生错觉。错觉产生的原因有多种解释，但迄今为止尚没有一种理论能够很好地解释所有错觉现象。一般来说，外界环境背景的干扰和人的主观因素是形成错觉的主要原因。

三、艾姆斯小屋实验在教学中的运用

（1）建有艾姆斯小屋的学校可以在课程开始前让学生实际体验感知，没有此设备的学校教师可在课前做相应的准备，如用纸箱自己制作简版的艾姆斯小屋，用人偶玩具代替真人让学生观察比较人偶玩具的大小，然后取出玩具让学生比较，再打开纸箱让学生看结构。

（2）引导学生讨论分析为什么会产生这样的结果？这是由于在我们的认知中，房间一定是上下、左右各自平行的，所以，当我们把一个不平行的房间当作平行的参照物时，在视觉上我们会认为远处的人变小了，而近处的人长高了。以经验和眼睛作为判断的标准，却不知自己被视错觉"欺骗"了。

（3）归纳总结，这种现象就是大小恒常产生的错觉。大小知觉的形成一般与下列因素有关：① 物体在视网膜上投影的大小及物体与眼睛的距离；② 对物体的熟悉程度和参照物的有无；③ 邻近物体的对比；④ 观察者的体态。

在艾姆斯小屋实验中，其实是两个等大的个体，一个在远处，一个在近处，近处的人比远处的人在观察者视网膜上的成像大很多，从而形成大小错觉；又因为视觉恒常性的存在，我们在看一个房间时，房间的形状已经先入为主的有了具体的样子。尽管眼睛看到应该是左右长宽变过形的房间的样子，但是由于知觉的恒常性，我们习惯于中心透视来观察事物，所以无论房子的形状变化成什么样，视觉总会以房子本来应该有的样子来做出判断，也在一定程度上促成产生视错觉；当然，若是观察者非常熟悉的人物，则形成大小错觉则相对困难一些。

（4）知识点延伸。眼见不一定为"实"！视错觉在各个方面都有很多的应用，尤其是在设计方面。如平面设计中，利用矛盾空间错觉的反常态性，在平面海报上产生多变的层次，给人以视觉刺激，创造出新颖、奇特的视觉空间感；利用画面构图元素排列组合不同的动态视错觉，使眼睛看到不同的效果；光渗视错觉常存在于那些经过规律组合排列的强烈的色彩和线条对比中，使画面产生强烈的视觉冲击力和律动感。

第二章 认知心理学典型实验案例

实验一 内隐联想实验

一、实验简介

内隐联想测验是格林沃尔德（A. G. Greenwald）等人于 1998 年提出的一种通过测量概念词和属性词之间评价性联系从而对个体的内隐态度等内隐社会认知进行间接测量的新方法，其采用的是一种计算机化的辨别分类任务，以反应时为指标，通过对概念词和属性词之间的自动化联系的评估进而来对个体的内隐态度等进行间接测量。

众所周知，内隐社会认知是在无意识情况下发生的一种自动化的过程。正是由于其无意识、自动化的特征，很难通过传统的自陈式的测量外显态度的方法来进行直接测量，而只能通过间接的方法进行测量。传统的、常用于内隐社会认知研究的间接测量方法，如投射测验、传记分析法、反应时法、情景测验法、内隐记忆研究中常用的某些方法都或多或少存在一些问题。例如投射测验、传记分析法、情景测验法等存在难以定量分析、主观性太强、对实验者本身素质要求太高、说服力不够等问题，而内隐记忆的研究方法则存在只能涉及社会认知的知觉层面而难以深入的问题。

我们认为在社会认知研究中，由于所呈现的刺激多具有复杂的社会意义，其必然引起被试心理的复杂反应，这些刺激可能与内在需要或内隐态度相一致，也可能与之相矛盾，刺激所暗含的社会意义不同，被试的加工过程的复杂程度就会不同，从而反应时的长短就会不同。在快速反应条件下，被试对刺激的反应形式是很难有意识控制的，在这种条件下所获得的社会认知结果通常认为是内隐的。另外，此前反应时法已经在内隐社会认知研究中占有重要地位，格林沃尔德（A. G. Greenwald）等人在既有的反应时范式的基础之上，对传统的反应时方法加以改进和发展，于 1998 年提出了一种新的间接测量方法——内隐联想测验。

二、实验过程

内隐联想测验在生理上是以神经网络模型为基础的。该模型认为信息被储存在一系列按照语义关系分层组织起来的神经联系的结点上，因而可以通过测量两概念在此类神经联系上的距离来测量这两者的联系。在认知上，内隐联想测验以态度的自动化加工为基础，包括态度的自动化启动和启动的扩散。有关内隐态度的研究表明，对评价性的语义内容的加工是一种在视觉基础之上的自动化过程。内隐联想测验就是通过一种计算机化的分类任务来测量两类词（概念词与属性词）之间的自动化联系的紧密程度，继而对个体的内隐态度进行测量。它也是以反应时为指标，基本过程是呈现一属性词，让被试尽快地进行辨别归类（即归于某一概念词）并按键反应，反应时被自动地记录下来。概念词（如国产、进口）和属性词（如喜欢、不喜欢）之间有两种可能的关系：相容的（国产——喜欢，进口——不喜欢）和不相容的（或相反的）（如国产——不喜欢，进口——喜欢）。所谓相容，即指二者的联系与被试内隐的态度一致，或对被试而言二者有着紧密且合理的联系，否则为不相容或相反。当概念词和属性词相容，即其关系与被试的内隐态度一致或二者联系较紧密时，此时的辨别归类在快速条件下更多的为自动化加工，相对容易，因而反应速度快，反应时短；当概念词和属性词不相容，即其关系与被试的内隐态度不一致或二者缺乏紧密联系时，往往会导致被试的认知冲突，此时的辨别归类需进行复杂的意识加工，相对较难，因而反应速度慢，反应时长；不相容条件下的与相容条件下的反应时之差即为内隐态度的指标。这样，概念词和属性词关系与内隐的态度一致程度越高，联系越紧密，辨别归类加工的自动化程度就越高，因而反应时越短；而不相容条件下，认知冲突越严重，反应时自然会更长，其间的差就会更大，表明内隐态度越坚定。总之，内隐联想测验的基本原理是当两个概念相似或者在被试的记忆中有联系的时候，比两个概念不相似或在记忆中没有联系的时候反应快。

施测分为五个阶段：（1）呈现目标词，比如国产品牌和进口品牌，让被试归类并做出一定的反应（看到国产品牌按 F 键，看到进口品牌按 J 键）。（2）呈现属性词，比如喜欢和不喜欢，让被试做出反应（喜欢按 F 键，不喜欢按 J 键）。（3）联合呈现目标词和属性词，让被试做出反应（国产品牌或喜欢按 F 键，进口品牌或不喜欢按 J 键）。（4）让被试对目标词做出相反的判断（国产品牌按 J 键，进口品牌按 F 键）。（5）再次联合呈现目标词和属性词，让被试做出反应（进口品牌或喜欢按 F 键，国产品牌或不喜欢按 J 键）。这五个阶段分别做 20 次，各阶段之间，被试可以进行短暂的休息。

上述每一反应的反应时及对错情况均由计算机自动记录。按照格林沃尔德（A. G. Greenwald）等人提出的记分方法，先把低于 300 ms 的以 300 记，大于 3 000 ms 的以 3 000 记，错误率超过 20% 的予以删除；接下来对所有原始反应时数据进行对数转换，再对相容组和不相容组分别计算其平均反应时；最后，用不相容组的平均反应时减去相容组的平均反应时，这样，所得到的分数便为被试相对于不愉快的词而言，愉快的词与自我相关的程度，即内隐自尊的强度。

三、内隐联想实验在教学中的应用

由于诸多社会认知现象均涉及评价性联想，故内隐联想测验一经提出，便在内隐态度、内隐刻板印象、内隐自尊等领域迅速得到运用。格林沃尔德（A. G. Greenwald）等人率先运用内隐联想测验对黑人、白人种族刻板印象进行了研究。他们以一些典型的黑人姓氏及白人姓氏和包括积极和消极词在内的形容词作为材料，设计了一个内隐联想测验。结果发现，不相容部分的反应时明显长于相容部分，这说明一些人更易于将白人和好的属性连在一起，而将黑人和坏的属性连在一起，证实了种族内隐刻板印象的存在，还发现种族内隐刻板印象和相应的外显态度测量之间是相对独立的。

格林沃尔德（A. G. Greenwald）等人运用内隐联想测验研究内隐自尊、组内偏差、社会同一性，发现个体当把自我的词和积极的词相联系时比与消极的词相联系时要快得多，女性更加偏向女性，更倾向把自己认同为女性，并且内隐自尊和组内偏差的关系受个体自我认同的影响。格林沃尔德（A. G. Greenwald）等人以内隐联想测验及传统的自尊量表为工具，运用实证性因素分析的方法对内隐自尊、外显自尊的结构进行了研究，揭示二者存在低的正相关。

我国蔡华俭等学者运用内隐联想测验对大学生的性别学科刻板印象进行了研究，发现不管大学生的性别和专业如何，都显著地把理工科和男生联系在一起，把人文学科和女生联系在一起，而且内隐刻板印象和相应的外显测量之间相关性很低，二者是相互分离的。蔡华俭等学者还以内隐联想测验和相应的外显测量为工具，运用实证性因素分析对大学生的性别自我概念的结构进行了研究。

实验二　口语报告实验

一、实验简介

口语报告法类似内省法。被试在从事某种活动的同时或之后，将头脑中进行的心理活动操作过程用口语表达出来，主试进行记录，并根据有关结果对被试心理活动规律进行研究。

按时间划分，可以分为即时口语报告和追述口语报告。前者与短时记忆有关，后者与长时记忆有关。如果按结构性程度分，可分成结构式和非结构式。前者是事先设计好的，有明确要求；而后者不是事先设计好的，无明确要求。

口语报告法的理论假设。口语报告法的基本假设是：人的言语和思维是相关的。具体而言，它是建立在一系列有关人类信息加工过程的基础之上的，实质上就是人的信息加工过程。

口语报告法与传统内省法的主要区别。一方面，口语报告法的被试不了解有关其行为的理论构思，也没有经过专门训练；而内省法的被试经过专门训练，往往就是研究者自己，明确地了解理论设想与构思。另一方面，口语报告法要求在心理活动的当时收集数据，边作业边报告，随着时间和心理活动的发展而测量心理特点；而内省法则在作业完成以后，用问卷、访谈或自我追忆等方式进行。

口语报告法的实验过程如下：（1）研究准备。首先，应当明确研究任务以及研究所涉及的情境，并根据问题要求，选择适当的形式。其次，选择完整的编码系统，研究者可以自己创造一个编码系统，也可以借用别人的编码系统。（2）向被试说明报告的要求。（3）录音与转译。在被试报告的同时实时录音，录音时应尽量避免干扰被试的思考过程。录音的结果应及时地转译成书面材料，供编码和分析用。（4）编码。将书面文字转换成代码，首先要设计相应的编码系统。编码系统的设计，应考虑两个方面：一方面，编码系统必须能反映任务的特点，适合特定的内容；另一方面，它必须反映出研究的理论构思，符合理论上的要求，以便做进一步的统计分析。（5）结果处理分析。

二、知识点介绍

口语报告法来源于心理学的研究，构造主义心理学把内省与特定的实验条件联系起来，又对被试进行专门的理论与实际训练，把内省作为研究"意识经验"的主要途径，用内省方法去描述"感觉成分"等，这就使内省方法十分不同于早期的朴素式内省。冯特则要求被试经过一万次有指导的练习才能参加正式的实验，使内省研究进入实验室。铁钦纳也主要依赖于实验过程结束后的内省追述报告来研究人的心理现象。因此，比纳提出："内省是心理学的基础。"

以华生为代表的行为主义心理学对意识研究持批评态度，否定冯特等人的经典内省方法，他们认为，分析式内省结果存在不可重复的问题，许多心理活动是外显的，思维也可以是外显的活动，只有研究外显活动，心理学才能得到客观的数据；通过让被试对特定问题的出声思维比依靠不科学的内省方法能够更多地了解和认识思维心理学。因此，华生等人的这一观点被认为是最早的大声思维报告的分析方法，是口语报告法的直接来源。

口语报告方法的发展与科学技术息息相关。早期的口语报告分析，主要是实验者对被试口语报告记录的总结性描述。直到1945年左右出现了录音机，才使得对口语报告进行完整的实时记录成为可能。在把记录转换成文字以后，研究者可以根据课题需要，分析心理过程的任何一个部分；同时，也可以系统地考察口语报告数据的可靠程度。

20世纪50年代后期，随着计算机的使用，口语报告方法取得突破性发展。用信息加工的观点对人类有关认知过程的研究为口语报告数据的采集、加工、编码和分析等提供了充分的理论依据。通过计算机模拟的方法将口语报告所获得的信息整合成相应的模型，从而再现人的认知加工过程，这些成果在一定程度上证明了口语报告方法的可靠性和有效性。20 世纪 70 年代以来，这一方法在心理与教育等许多领域的研究中得到运用，口语报告方法本身也得到进一步发展。

三、口语报告法在教学中的运用

（1）在心理和教育科学的研究中，口语报告法特别适合于研究被试认知活动的实际过程和特点。

（2）口语报告法的适用范围广泛，可应用于目的各异的众多研究。它既可用于对其他数据进行补充、说明，还可用于检验有关假设，建立人类认知加工过程的心理模型。

（3）在研究人类内隐的心理过程中发挥着不可替代的作用。他打破了心理学传统研究中通过观察外部行为简单研究内部心理的樊篱，通过被试的出声思考，直面其思维内容和过程，捕捉其心理轨迹。当前认知心理学的研究广泛运用了口语报告法。

实验三　双耳分听注意实验

一、实验简介

双耳分听实验，是彻里（Cherry，1953）及格雷（Gray，1960）进行的实验，它的本质是让被试的双耳同时听见不同的信息。要求被试重复一只耳朵（追随耳）所听到的信息，而忽略另一只耳朵（非追随耳）所听到的信息。

1．彻里（Cherry）的实验

在实验中，给被试的双耳同时呈现声音材料，让被试两耳同时分别听两个分离的实验材料，并要求被试大声复述事先规定的那只耳朵（追随耳）所听到的项目，而不注意另一只耳朵的信息（非追随耳），如图 2.1 所示。刺激信息结束时，要被试报告刚才所听到的内容。实验结果：被试能很好地再现追随耳的项目，但对非追随耳的项目则不能报告出任何东西；甚至当非追随耳的刺激从法文改为德文、英文或拉丁文，被试也觉察不到这种变化，语文材料倒过来放也不知道。不过对非追随耳刺激的物理特征还是能够觉察的，如男女声、声音大小变化等。

内容被大声重复　　　　　　　　　　　内容将被检测
（追随耳）　　　　　　　　　　　　（非追随耳）

图 2.1　彻里实验

2．格雷（Gray）的实验

1960 年，格雷（Gray）等人在一项实验中，通过耳机给被试两耳依次分别呈现一些字母音节和数字，左耳：ob-2-tive；右耳：6-jec-9。要求被试追随一个耳朵听到的声音，并在刺激呈现之后进行报告。结果发现，被试的报告既不是 ob-2-tive 和 6-jec-9，也不是 ob-6，2-jec，tive-9，而是 objective。格雷的实验证明，来自非追随耳的部分信息仍然受到了加工（见图 2.2）。

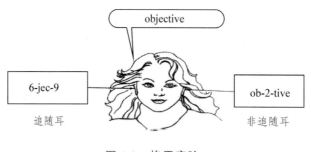

图 2.2　格雷实验

二、知识点介绍

从 20 世纪 60 年代以来，心理学家对注意的选择功能进行了大量的研究，提出了一系列理论模型。这些理论解释了注意的选择作用的实质，以及人脑对信息的选择究竟发生在信息加工的哪个阶段上。

1．过滤器理论

1958 年，英国心理学家布罗德本特（E. Broadbent）根据双耳分听的一系列实验结果，提出了解释注意的选择作用的一种理论——过滤器理论。布罗德本特（E. Broadbent）认为：神经系统在加工信息的容量方面是有限度的，不可能对所有的感觉刺激进行加工。当信息通过各种感觉通道进入神经系统时，要先经过一个过滤机制。只有一部分信息可以通过这个机制，并接受进一步的加工；而其他的信息就被阻断在它的外面而完全丧失了。布罗德本特（E. Broadbent）把这种过滤机制比喻为一个狭长的瓶口，当人们往瓶内灌水时，一部分水通过瓶颈进入瓶内，而另一部分水由于瓶颈狭小，通道容量有限，而留在瓶外了。这种理论有时也叫"瓶颈理论"或"单通道理论"。

2．衰减理论

过滤器理论得到了某些实验事实的支持，但进一步研究发现，这种理论并不完善。例如，在双耳分听的研究中，有研究发现来自非追随耳的信息仍然受到了加工。

基于日常生活观察和实验研究的结果，特瑞斯曼（Tretisman）提出了衰减理论。

衰减理论主张，当信息通过过滤装置时，不被注意或非追随的信息只是在强度上减弱了，而不是完全消失。特瑞斯曼（Tretisman）指出，不同刺激的激活阈限是不同的。有些刺激对人有重要意义，如自己的名字、火警信号等，它们的激活阈限低，容易激活，当它们出现在非追随的通道时，容易被人们所接受。

特瑞斯曼（Tretisman）的理论与布罗德本特（E. Broadbent）的理论对过滤装置的具体作用有不同的看法，但两种理论又有共同的地方：两种理论有相同的出发点，即主张人的信息加工系统的容量有限，因此，对外来的信息必须经过过滤或衰减装置加以调节；两种理论都假定信息的选择发生在对信息的充分加工之前。只有经过选择以后的信息，才能受到进一步的加工、处理。

3．后期选择理论

多伊奇（Deutsch）等人提出了选择性注意的另外一种观点——后期选择理论，后由诺曼（Norman）加以完善。这种理论认为，所有输入的信息在进入过滤或衰减装置之前已受到充分的分析，然后才进入过滤或衰减的装置，因而对信息的选择发生在加工后期的反应阶段。后期选择理论有时也叫"完善加工理论""反应选择理论"或"记忆选择理论"。

4．多阶段选择理论

过滤器理论、衰减理论及后期选择理论都假设，注意的选择过程发生在信息加工的某个特定阶段上，这意味着信息加工系统是非常刻板的。约翰斯顿（Johnston）等人提出了一个较灵活的模型，认为选择过程在不同的加工阶段上都有可能发生，这就是多阶段选择理论。这一理论的两个主要假设是：① 选择前加上的阶段越多，所需要的认知加工资源就越多；② 选择发生的阶段依赖于当前的任务要求。

三、双耳分听实验在教学中的应用

双耳分听实验课堂教学建议如下：

实验准备：材料选取分类→音频处理。

预实验：声音效果试听→内容信息核对→校正与重新处理→再次试听。

正式实验：被试选取→环境选取→告知被试注意事项→被试进行实验第一段试音材料，调节音量到被试感觉合适程度。

指导语：

（1）你将听到一段声音，请尽可能地记住双耳中听到的内容，在声音结束后告诉我你听到了什么。

（2）接下来你将听到一段声音，声音中会出现城市的名字，请在声音结束后告诉我你听到的城市名称。

（3）接下来你将听到一段声音，声音中会出现人物的名称，请在声音结束后告诉我你听到的人物名称。

实验信息记录：

（1）被试报告内容。

（2）周围环境：安静；各个被试状态：良好；实验总时间：8～10分钟。

（3）对被试进行双耳分听，分听内容为日常生活中常见的不含情绪色彩的名词，将名词随机分为两组，同时向被试双耳播放，要求被试在声音结束后说出自己还记得的词汇，分别记录被试双耳还记得的名词个数，对数据进行配对样本 T 检验。

考察双耳分别在有干扰词和无干扰词环境下的表现：首先对被试进行无干扰词实验，其中一只耳朵被定义为工作耳（与追随耳类似），工作耳中将会听到人物或者城市的名称（记为工作词汇），也就是要求被试注意的声音，另一只耳朵将会听到一些无干扰名词（词性与工作耳相同但不包括工作词汇）；被试休息一段时间后（尽可能消除上一实验工作记忆的影响），进行干扰实验。其中一只耳朵被定义为工作耳，工作耳中将会听到工作词汇，也就是要求被试注意的声音，同时另一只耳朵将会听到干扰词汇（由无干扰词和人脑觉察阈值较低的词汇组成）。分别记录被试在两次实验中能够准确表述出工作耳听到的工作词汇和另一只耳朵中还记得的词汇个数，记录并对数据进行分析。

探讨及猜想：

（1）在实验中，并未要求被试只记住一只耳朵内容或者忽视另一只耳朵内容。

（2）被试在干扰词汇环境中对工作词汇存在记忆偏差，但对工作词中第一个出现的和最后一个出现的记忆较为准确。

（3）当干扰词汇出现时，被试有明显的面部表情变化，说明干扰词能达到干扰效果。

（4）预实验调节音量环节中，采用的试音材料为数字（针对左右耳同时播放不同的 3 个数字，一共 6 个），在被试报告听到的内容时，大多数是按照左耳和右耳的顺序报告的，这也就从一定程度上验证了早期模型。但在进行双耳记忆差异实验中，被试报告记忆内容时大多是乱序。那么是不是在简单无意义记忆材料中遵循单通道模型呢？

实验四　注意中枢能量理论实验

一、实验简介

1971 年，波斯纳（Posner）和博伊斯（Boies）在实验中要求被试同时完成多种任务。主任务（告诉被试需要注意的任务）是字母匹配。视觉呈现提示信号后，间隔 500毫秒给被试呈现一个字母，如"T"，呈现时间为 50 毫秒。1000 毫秒间隔之后，再给被试显示第二个字母。被试的任务是尽可能快地说出第二个字母与第一个字母是否相同（见图 2.3）。被试用右手食指和中指通过按键对两个字母相同或不同进行反应。第二项任务是听觉觉察。在实验中，通过立体声耳机呈现纯音（单一频率的音），要求被试听到声音时尽快地用左手食指按键。

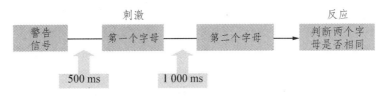

图 2.3　Posner 等人的实验过程示意图

图 2.4 是纯音信号出现在不同时间位置时被试的反应时：

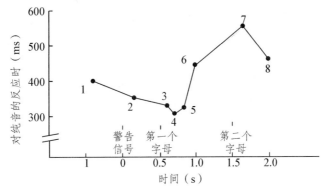

图 2.4　纯音信号出现在不同时间位置上的反应时

操作流程：点"1"是纯音先于警告信号时纯音觉察任务的平均反应时，这一点是以后顺序中呈现纯音时的比较基础。警告信号可以增强被试的警觉性，从而增加可利用资源。该实验结果说明，警告信号的唤醒效应并不持久。在第一个字母出现后，被试必须在感觉记忆中登记第一个字母的信息，并在工作记忆中产生一个更持久的表象，表现为"6"点反应时增加，但反应时增加的最高点在"7""8"两点上。在这两点上，第二个字母开始呈现，被试要对字母进行分类、识别和判断。这些活动占用了被试大部分可利用资源，仅剩下一小部分资源用于加工纯音。因此，当加工需要没有超出可利用的能量时，被试能够加工竞争刺激；而当加工需求超过可利用的能量时，第二任务（听觉觉察）成绩下降。

二、知识点介绍

注意中枢能量理论由卡尼曼（D. Kahneman，1973）提出。该理论不是把注意的有限性看作信息通道的接受有限，而是看作人能用于执行任务的能量或资源的数量是有限的，用能量或资源的分配来解释注意。

资源的分配决定注意的取向。资源的分配受下列 4 个因素制约：（1）受制于唤醒因素的可能的能量；（2）当时的意愿；（3）对完成任务所需能量的评价；（4）个人的长期倾向。

　　根据该理论，能量或资源的分配可进一步分为资源限制过程和材料限制过程。资源限制过程是指其作业受到所分配的资源限制，一旦得到较多的资源，其作业就能顺利进行。材料限制过程是指其作业受到任务的低劣质量的影响，即使分配较多的资源也难以顺利完成任务。例如，在嘈杂的背景中，要听清楚一个微弱的说话声，即使分配再多的资源，也难以听清。

　　该理论能较合理地解释日常生活中看到的一些现象，如一心二用。一个人能同时做两种事而不受干扰，这是因为这两种活动所需资源未超过个人能量分配的资源总和。又如某些活动不能一心二用或只有一种活动能操作得好，这是由于该种活动分配了更多的资源，或者是两种活动所需资源超过了总资源。

　　注意是一种复杂的心理现象，不可能由单一的机制来实现。上述理论正是从不同角度揭示了注意的特性，使我们能多方位地把握注意的本质。

　　图 2.5 中的资源分配方案是决定注意分配的关键，而分配方案则要受制于唤醒因素可利用的能量、当前的意愿、对完成作业所要求能量的评价以及个人的长期意向。在这些因素作用下，所实现的分配方案就体现着注意的选择。

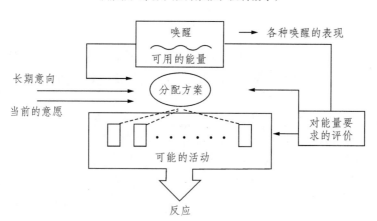

图 2.5　卡尼曼（Kahneman）的注意分配模型

　　对完成作业所要求能量的评价是一个重要因素。它不仅影响唤醒水平，使可利用的能量增加或减少，而且极大地影响着分配方案。

　　个人长期意向反映着不随意注意的作用，即它要求将能量分配给新异的刺激、突现刺激和自己的名字等；当前意愿体现着完成当前作业的要求和目的等。

　　从这个实验可知，只要不超过可得到的认知资源的总量，人就可以同时接受多种刺激信息或进行两种或多种活动。同时进行两件事时感到困难，并非由于这两件事互相干扰，而是因为完成这两项任务所需的认知资源超过了人可得到的认知资源总量。这时，要同时进行第二件事，必然使第一件事的反应退步。

三、注意中枢能量理论实验在教学中的应用

注意分配实验课堂教学建议如下：

1. 仪器与材料

a. 仪器：计算机及 PsyTech 心理实验系统。

b. 材料：

（1）不同颜色的圆，红、黄、绿、蓝 4 种。

（2）不同频率的声音三种。低音 350 Hz、中音 750 Hz、高音 2 000 Hz。

2. 实验方法

（1）登录并打开 PsyTech 心理实验软件主界面，选中实验列表中的"注意分配"。单击呈现实验简介。点击"进入实验"到"操作向导"窗口。实验者可进行参数设置（或使用默认值）。然后点击"开始实验"按钮进入指导语界面。可先进行练习实验，也可以直接点击"正式实验"按钮进入实验界面。

（2）指导语。"这是一个测试注意分配的实验，它由三个小实验组成。屏幕提示单独呈现颜色圆，则请你使用 2 号反应盒，并用右手按相应颜色键进行反应；屏幕提示单独呈现声音，则请你使用 1 号反应盒，并用左手进行反应。' + '为高音，' - '为低音；屏幕提示颜色圆加声音，则请你左手用 1 号反应盒对声音反应，右手用 2 号反应盒对颜色反应。尽量做到既快又准。由于声音的高低是相对的，所以你在实验前要进行练习，目的在于熟悉本实验中高、中、低音的区别。当你明白了实验步骤，并进行练习后，就可以点击下面的'正式实验'按钮进入实验。"

（3）实验的顺序：单独呈现不同颜色圆→单独呈现不同频率声音→颜色圆加声音→颜色圆加声音→单独呈现不同频率声音→单独呈现不同颜色圆。每部分内容呈现时间是总时间的 1/60，每完成一种实验内容后休息 20 秒，按任意键实验继续。

（4）实验结束，数据被自动保存。实验者可直接查看结果，也可以换被试继续实验，以后在主界面"数据"菜单中查看。

3. 结果讨论

（1）对数据进行比较分析，看结果是否存在性别差异。

（2）计算所有被试所处的注意分配水平。

（3）可能结果推算，大多数人的注意力有限，并不能同时进行多种工作。当目前工作需要大量精力时还是按部就班依次完成最好。

实验五　视崖实验

一、实验简介

视崖实验是美国心理学家沃克和吉布森（R. D. Walk & E. J. Gibson）设计首创的。视觉悬崖是一种用来观察婴儿深度知觉的实验装置。这种装置的重要意义在于，可以把婴儿或小动物放在视崖上，观察他们是否能知觉这种悬崖并进行躲避。

视崖装置的组成：一张 1.2 米高的桌子，顶部是一块透明的厚玻璃。桌子的一半（浅滩）是用红白图案组成的结实桌面，另一半是同样的图案，但它在桌面下面的地板上（深渊）。在浅滩边上，图案垂直降到地面，虽然从上面看是直落到地上的，但实际上有玻璃贯穿整个桌面。在浅滩和深渊的中间是一块 0.3 米宽的中间板。

这项研究的被试是 36 名年龄在 6～14 个月的婴儿。这些婴儿的母亲也参加了实验。每个婴儿都被放在视崖的中间板上，先让母亲在深的一侧呼唤自己孩子，然后再在浅的一侧呼唤自己的孩子。

为了比较人类与小动物的深度知觉能力，对其他种类的动物也进行视崖实验（没有母亲的招手和吸引）。这些动物被放在视崖的中间"地带"，观察它们是否能区别浅滩和深滩，以避免摔下悬崖。这项研究的目的是检测深度知觉是后天习得的还是天生的。

将 2～3 个月大的婴儿腹部向下放在"视觉悬崖"的一边，发现婴儿的心跳速度会减慢，这说明他们体验到了物体深度：当把六个月左右的婴儿放在玻璃板上，让其母亲在另一边招呼婴儿时，发现婴儿会毫不犹豫地爬过没有深度错觉的一边，但却不愿意爬过看起来具有悬崖特点的一侧，纵使母亲在对面怎么叫结果都一样。约从六个多月开始，婴儿就具有深度知觉。即使两个月的婴儿也对深度不同的刺激有不同的反应（如心率变化）。这说明婴儿的深度知觉不太可能是后天经验的产物。

这个实验方法之所以巧妙，是因为可以回答或至少开始回答这个问题。毕竟，我们无法向婴儿或小动物询问他们是否知觉到深度，而且，就像上面提到过的那样，他们也不能在真正的悬崖上进行试验。不管是用新生婴儿还是动物幼子来做实验，结果发现他们爬到（或走到）"悬崖"边上时都会停下来。这说明深度知觉是直接的，是一种天生的本能。

二、知识点介绍

1. 知觉概念

知觉是个体把来自感觉器官的信息转化为有意义对象的心理过程。我们知道，在正常人的日常生活中，纯粹的感觉是不存在的，感觉信息一经感觉系统传达到脑，知觉便随之产生。以视觉为例，来自感觉器官的信息为我们提供了某种颜色、边界、线段等个别属性，经头脑的加工我们认出了"这是一根香蕉""那是一个墨水瓶"。这种把感觉信息转化为有意义的、可命名的经验过程就是知觉。知觉是个体借助于过去经验对来自感受器的信息进行组织和解释的过程。

知觉是个体对感觉信息的组织过程。外部世界的大量刺激冲击我们的感官，我们倾向于有选择地输入信息，把感觉信息整合、组织起来，形成稳定、清晰的完整印象。在日常生活中，我们的头脑总是不断地对感觉信息加以组织。例如，一个复杂的听觉刺激序列，被我们知觉为言语，或流水声，或汽车声，即组织成有意义的声音。对于其他感觉信息，我们也是将其组织成有意义的事物。这种组织功能主要依靠于我们的过去经验。人类学家特恩布尔（Turnbull，1961）曾调查过居住在刚果热带森林中的俾格米人的生活方式，描述过下面的一个实例：有些俾格米人从来没有离开过森林。当特恩布尔带着一位名叫肯克的俾格米人第一次离开居住地大森林来到一片高原时，他指看远处的一群水牛惊奇地问："那些是什么虫子？"当告诉他是水牛时，他哈哈大笑，说不要说傻话。尽管他不相信，但还是仔细凝视着，说："水牛怎么会这样小？"当越走越近，这些"虫子"变得越来越大时，他感到不可理解，说这些不是真正的水牛。

知觉是人对感觉信息的解释过程。在知觉一个客体时，我们总是根据自己的经验把它归为某一类，说出它的名称或赋予它某种意义。我们对感觉信息的解释，通常采取假设检验的方式，即从提出假设到检验假设的过程。为了说明这个问题，请看图2.4b并回答是什么。绝大多数人可能会回答："左半部是三齿，是一个三齿叉？不像，因为右半部是两齿的。是两齿叉？也不像，因为左边是三齿的。那它到底是什么呢？"最后只好说"是一个不可能图形"（impossible figure）。从这个例子中可以清楚地看到，人们运用"三齿叉""两齿叉"的假设（命名）对感觉信息进行检验，但都没有成功，因而困惑不解。不过，平常我们对熟悉对象的知觉假设检验过程都是压缩的，是一种无意识推论的过程。只是在知觉困难时假设检验过程才显现出来，才被我们觉察到。请再看图2.6a和图2.6c，你是否也遇到过这样的问题？

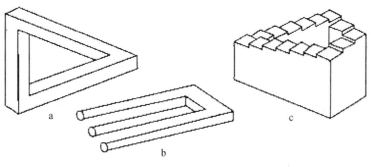

图 2.6　三个不可能图形

总之，从感觉到知觉是一个连续的过程，但感觉与知觉在性质上是不同的。感觉是感性认识的初级阶段，各种感觉都是刺激作用于感受器所产生的神经冲动的表征。知觉虽然以感觉为基础，但不以现实的刺激为限，它还牵涉到记忆、思维等多种心理成分。知觉属于高于感觉的感性认识阶段。

2．知觉的信息加工机制

知觉使我们周围的世界变得有意义，它包含了若干相互联系的作用或过程，如检测、分辨和识别等（Moates，1980）。从信息加工的观点看，我们是如何将刺激的个别部分或属性组合在一起，形成特定知觉物的心理表征的呢？对这个问题的回答涉及自下而上的加工和自上而下的加工及其交互作用。

自下而上的加工也称"数据驱动加工"（Lindsay & Norman，1977），是指知觉者从环境中一个个细小的感觉信息开始，将它们以各种方式加以组合便形成了知觉。持这种理论的心理学家认为，感受器所获得的感觉信息就是我们知觉所需要的一切，无须复杂的思维推理等高级认知过程的参与，我们就直接知觉到了周围环境。而这种直接知觉环境的能力是由人的生物性决定的，这可以由视崖实验中很小的婴儿就能够形成深度知觉而知（Gibson，1979）。这种直接知觉理论又如何解释我们对感觉环境的识别呢？主要有这样几种理论假说。

第一种假说称为"模板论"，认为人们的头脑中储存有无数的模板集，这些模板非常详细，从而使我们有可能辨认出各种客体。也就是说，把观察到的客体模式与头脑中的模板集进行比较并选出与之匹配的最佳模板，我们就识别了该客体，但是模板匹配理论难以解释字母知觉中的问题。我们能辨认一个字母在大小、方向和形式上的种种变化，很难想象在我们头脑里会储存有那么多的模板而不感到累赘！这个假设显然是很不经济的。第二种假说称为"原型论"，认为原型不同于模板，它不是一个具体的特定样式，而是一类事物最典型（最常见）的例证。知觉的识别过程不是与模板精确、等同的匹配，而是与原型相一致。研究发现，即使人们从来没有见过完全与原型匹配的样例，人们也能够形成一种原型，识别出该客体。第三种假说称为"特征论"，认为人们对事物的知觉，就是把事物的特征与记忆中所储存的特征相匹配，而不是把整个事物与模板或原型相匹配。研究者不仅区分出不同的特征，还区分出不同类型的特征，如整体特征和局部特征等。在复杂三维物体和场景的表征中还可能包含局部特征的某种组合或结构。如成分再认理论提出所谓几何子的概念，即所有物体都可以分解为诸如砖块体、圆柱体、楔形体、锥体等少量具有某种结构的几何子或部件。通过对少数的几何子的识别，就能够快速精确地再认出物体的一般分类而不必去识别局部细节（Biederman，1987）。上述这些直接知觉的假说虽能解释知觉形成的部分机制，并且也有部分的研究证据，如业已发现在大脑皮质中有对特定的线段、颜色、形状、方向特别敏感的被称为"特征检测器的神经元"（Hubel & Wiesel，1974），但不能解释知觉形成的全部机制。

知觉表征的形成还包含自上而下的加工。自上而下的加工也称"概念驱动加工"，指知觉者的习得经验、期望、动机，引导着知觉者在知觉过程中的信息选择、整合和表征的建构，也称为"建构知觉理论"。如图 2.7a 的上部，你把被遮住下部的这串符号知觉为什么呢？可能你很容易就想到它是"科学"（SCIENCE）这个词，但实际上它是一串车牌号码。基于先前经验、假想和期望所作假设而产生的知觉定势有时会导致极大的偏差。知觉中的自上而下机制还可以用斯特拉顿（Stratton，1897）的知觉适应实验来说明。实验中，他带上一个特制的左右调换、上下颠倒的眼镜，因而看到的世界是上下颠倒、左右反转的，开始时他连走路、吃饭和做最简单的事都很困难，但是戴上这种眼镜 8 天之后，他开始适应这种倒视，他看到的世界基本上像过去一样了。在知觉中我们快速形成并测试关于知觉对象的各种假设，这些都以所感觉到的（感觉数据），所知道的（记忆中储存的知识）以及所能推断的（利用高级认知加工）为根据，但这种假设或推论往往是无意识的。自上而下的加工可以很好地解释图 2.7b 中所示的情境效应。

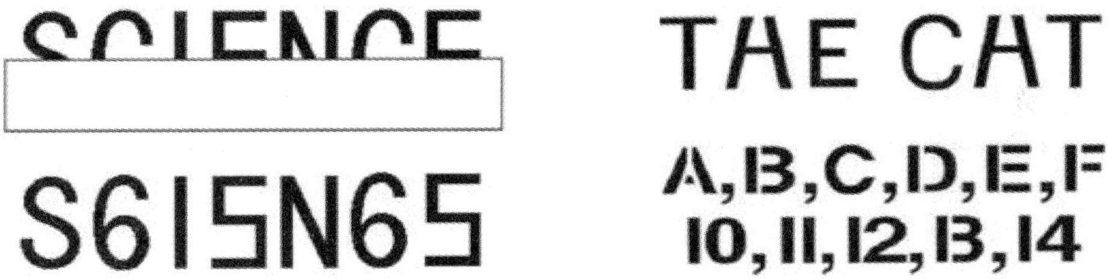

图 2.7　自上而下的加工图示

如图 2.7 所示，在不同情境中，同样的符号或被解释成字母 H，或被解释为 A；字符串中的字母 B 放到数字串情境中就被知觉为 13。

总之，在知觉表征的形成中，既有自下而上的加工，又有自上而下的加工，这两种机制之间存在复杂的交互作用（Humphreys et al.，1997；Corbetta & Shulman，2002）。知觉是一个积极主动的过程，知觉的印象并不总是客观地反映事物的本身，而往往带有主观性。

三、视崖实验在教学中的应用

1．激发动机

有效的学习必须要有学习动机，这是整个学习的开始阶段。在教育教学情境中，首先要考虑的是激发学生进行学习活动的动机，即学生想要达到某种目的的动机，而所谓的动机，是借助于学生内部产生的心理期望过程而建立起来的。作为教师，我们需要帮助学生确立或者挖掘学习动机。

通常教授一个没有学习动机的学生的最好办法，就是暂时忽略他的动机状态，并集中精力尽可能有效地对他施加教学。尽管缺乏动机，但在任何情况下都会产生某种程度的学习；从学习的初步满足中，他将充满希望地形成进一步学习的动机。对于小学生而言，大部分学生对学习缺乏足够的认识，他们是很难真正意义上的热爱学习的，但是他们是最容易满足的群体，他们的主要期望在于获得家长、老师以及同学的认可。因此，教师在教学过程中，可以让学生在课堂上回答简单的问题，并积极表扬他；表扬他按时完成作业；有特长的学生，为班级做出贡献的学生，也应给予奖励；对于调皮的学生，教师可以在班上给他安排一个职位，按他的表现给予奖励。通过这些方法，使学生充满信心，产生学习动机与兴趣。

一句表扬或许能改变一个学生的一生。所以，教师们不要吝啬一句表扬，它也许会使学生产生学习兴趣，并且积极学习。

2．联想学习

兴趣能吸引人的注意，调动人的好奇心，促使人喜爱从事某项活动。因此，要让学生喜欢学习，得让学生对学习内容产生兴趣，学生思维活跃，想象丰富，头脑中总会有一些超出常规的"奇特"想法，当学生对这些想法感兴趣时，就会积极去做。

在加涅的联想学习中，提到"被选择予以观察的现象可能不是学习，学习者可以进行某些反射性活动，或者可能单纯回忆先前习得的某些东西。研究学习现象的人力图简化要学习的任务，使之尽可能免受不希望的影响的沾染。"

教师要在教学过程中充分利用一切可供想象的空间，挖掘发展想象力的因素，教会学生张开想象的翅膀，引导学生由单一思维向多向思维发展。

3．指引注意

注意在心理学上的意思是从无限的信息中针对部分信息进行主动加工的过程，包括指向与集中、激活和抑制。在课堂上，教师要引导学生集中注意力，吸引学生的目光，激发学生对这堂课的学习兴趣。

在加涅的指引注意观点中，他提出"教学设计者需要非常熟悉各种可用于有选择地强调学习的刺激材料的方法。在学习中被加工的'信息'乃是从呈现给学习者的信息的全部刺激中选择出来的一组刺激。运用一些方法来突出传递给学习者的组成成分和特征——无论是言语的、图片的、听觉的，还是任何其他的方法——可能是为所学内容奠定基础的一个重要的初步的步骤。"

在课堂上，教师运用幽默的言语、有趣的动作、有趣的视频等就可以吸引学生的注意。有时候，教师的一个赞许的眼神、一个肯定的手势、一个信任的微笑，会让学生觉得自己是被肯定的、有价值的，从而激发他们的学习兴趣和热情。

4．态　度

加涅指出："课程需包含情感的领域，这个术语强调这些内部习得的状态的'情感色彩'。""情感方面，与伴随观念的情绪或情感有关。""态度伴随着积极和消极的'情感'，这在很大程度上与内省的报告有关。"

所以，要让学生产生学习的兴趣，具有积极的学习态度以及积极的情感。以语文课堂教学为例，教师要想施教于学生，教师自己首先要进入角色，挥洒真情，用激发学生情感的语言，把课本中无声无情的文字变成有声有情的语言，使课本语言如出我口，如出我心，以此来感染学生，让学生树立积极的情感，对学习充满兴趣。相比枯燥乏味、平淡呆板的语言，激情四溢的言语更加能感染学生，调动学生的学习积极性，树立积极的情感，激发他们的学习兴趣。

实验六　结构效应优势实验

一、实验简介

1. 字词优势效应

（1）含义。

识别一个字词中的字母的正确率要高于识别一个单独的同一字母，这就是所谓的"字词优势效应"。

（2）相关研究。

字词优势效应是由 Reicher（1969）首先在实验中确定的。他用速示器呈现刺激材料，材料有 3 类，包括单个字母、4 个字母组成的单词、4 个字母组成的无意义的字母串（非字词）。每次给被试呈现 1 个刺激，然后呈现掩蔽刺激和 2 个字母，这 2 个字母的位置对应先前呈现的刺激中某个字母的位置。要求被试从中选出刚才在该位置上的字母是哪一个，记录被试选择的正确性。

（3）方法与程序。

实验有 32 组字母材料，每一组包含 3 类：① 字词类：一个由 4 个字母组成的英文单词。单词内无重复字母，且单词中有一个靶子字母，改变该字母，就会成为另一个单词。如 word，改 d 为 k，成为 work，而 d 就是靶子字母。② 非字词类：将字词类的单词，改变除靶子字母以外的其他字母的位置，使其成为无意义的字母串，如 owrd。③ 字母类，只有靶子字母。

实验中每次随机呈现以上 96 个刺激材料中的 1 个。在每个试次中，屏幕上先出现注视点，持续 1 秒，同时伴随蜂鸣声，提醒被试准备。1 秒后注视点消失，呈现刺激，时间为 60 毫秒，然后呈现掩蔽刺激和选项。选项是 2 个字母，分别出现在被掩蔽的靶子字母的正上方和正下方。要求被试判断刚才出现在该位置的靶子字母是哪一个，按相应的键做出反应，记录被试的反应时和准确性。

（4）结论。

Reicher 的实验结果表明，识别字词中的一个字母要优于识别单个字母或非字词中的字母，正确率高出约 8%，差异均达到统计学的显著水平。

（5）相关解释。

第一种"推论说"，认为当字母在字词中时可以借助上下文而对该字母进行更好的推理，以此解释字词优势效应，强调上下文以及有关缀字规则的知识的应用。第二种"编码说"，认为字词优势效应是由于字词和单个字母的编码不同所致：字词是语音编码的，而单个字母是视觉编码的，视觉编码易受视觉掩蔽的干扰，而语音编码则不受视觉编码的干扰，因而字词中的字母识别要优于单个字母。第三种"两种加工说"，从整体加工和局部加工来说明字词优势效应：如果将字词看作整体，而将单个字母当作局部，那么字词将先得到整体加工，再得到局部加工，而单个字母却没有这种整体加工。因此，字词中字母的识别优于单个字母。

2．客体优势效应

（1）含义。

识别一个客体图形中的线段，要优于识别结构不严图形中的或单独的同一线段，这就是所谓的"客体优势效应"。

（2）相关研究。

Weisstein 和 Harris 于 1974 年进行了包含在各种图形中的直线线段的识别研究（实验 1）。Weisstein 和 Harris 把客体优势与三维图形联系起来的看法引起争议（实验 2）。Earhard 的另一实验（实验 3）改变了注视点在图形中的位置。Klein 于 1978 年提出掩蔽刺激的有无及掩蔽刺激的性质也对客体优势有重要影响（实验 4）。

（3）结论。

不同的情况下，客体优势效应的发生是有差别的。如上下文图形的特点、注视点的位置、掩饰刺激的有无及与上下文图形的相似成分，都会影响客体优势效应的出现。说明了客体优势效应比表面上看起来要复杂得多，所以无法肯定或否定某一种解释。

第一，整体优先论。字词或客体先得到整体加工，然后再有局部加工，而单个字母或特征没有整体加工，所以速度慢，正确率低。第二，自动加工论。字词或客体本身具有意义，而这些意义的识别属于自动加工。第三，推论说。人在进行结构优势效应识别时，因为借助了上下文或某些规则，进行了推理，而使得单词、句子或客体识别优于单独字母特征的识别。第四，编码说。字词是语言编码，而字母是视觉编码，视觉掩蔽干扰后者却不干扰前者，所以当字母也以语言形式编码，此效应将不再出现。第五，两种知觉系统说。人的知觉存在两个系统，一为特征系统，二为客体系统。单个线段的识别只依赖于特征系统，而有上下文的识别，两个系统都参与，所以后者好于前者。

3．构型优势效应

构型优势效应指识别一个完整的图形要优于识别图形的一个部分。

4．字母优势效应

字母优势效应指识别字母的一个组成线段要优于识别单独的同一线段。

5．句子优势效应

句子优势效应指识别一个句子中的单词要比识别单独的同一单词更快、更容易。

二、知识点介绍

在认知心理学中，字词优势效应是指人们识别一个字词中的字母的正确率要高于识别一个单独的同一字母。有意义的字词中的字母比无意义字词中的字母更容易被人所识别。心理学对文字认知的研究几乎和心理学的历史一样长。词优效应最早是由 Cattell 提出的。早在 1885 年，Cattell 就做了一个有名的实验，他用速示器呈现字母或词，发现每 10 ms 可以阅读 3~4 个无关字母、2 个无关系的词以及 4 个有联系的词。从词中识别一个字母比从字母数相同的无意义的字母串中识别一个字母要快。Erdmann 等人还发现，命名一个词的时间比命名一个字母还要短，对这一现象，Cattell 称之为"词优效应"。

对词优效应的解释，Cattell 提出了轮廓说。他认为人们是根据一个词的熟悉的轮廓来识别。早期研究的实验程式是将全词一次呈现，或将组成的词一个一个地顺序呈现，结果大都验证了轮廓说。1939 年，Wolfe 以儿童为被试做了一个实验，发现无论是正常儿童还是落后儿童，在上述两种呈现的条件下，识别没有明显的差异。这说明轮廓效应是熟练者不断把词规则内化后形成的，至少不是词优效应的关键因素。对轮廓说最有力的反驳是 1976 年 McClleland 的实验，他把一个词的组成字母以大小写交替的形式书写如（WoRk），发现仍有词优效应。

一个词有音、形、义，有一套拼写和发音规则；有词干和词缀等变化规则，词的这些冗余信息促进了我们对词的识别。当快速呈现一个词时，也许我们并没有清楚地知觉它，而是利用冗余信息进行知觉后的推理和猜测，越是熟悉的词，猜得越快。在一段时间内，大量实验研究是围绕冗余问题展开的。根据意义性、熟悉性和书写结构可以把这些实验分为三类。

支持书写结构的证据主要来自对假词的研究（Miller，Bruner and Postman，1954；Gibson Pick，Osser and Hammond，1962）。假词不是英语存在的词，但它的字母之间的联系是符合英语的拼写规则的，是可拼读的。既无意义又不为人们所熟知对的假词产生的较强的词优效应。由 Neisser 及其同事开创的视觉搜寻任务（Nessier1963，Nessier&Lazar1963，Nessier&Beller，1965）已成为研究人类信息加工的主要工具。它的主要程式为扫视一张词表，找出目标词或目标字母，反应时为因变量，目标字的数目、字母的排列方式为主要自变量。这一程式立即被用于研究词内的冗余问题。例如研究书写结构对词识别的影响，将真词、假词、非词（既无意义又不可发音的词）排成词表。实验结果表明：对目标字母的搜寻，在假词中与在真词中一样好，而在非词中就差多了。这一结果被认为否定了词义和熟悉性的作用，肯定了拼写知识的作用，这一实验被大量重复并得到了一致的结果。

为校验拼写知识是不是词优效应产生的主要原因，1969 年，Reicher 创造了一个经典的实验程式控制拼写知识的影响。其方法为：不论出现项目是词，如 WORD，还是非词，ORWD，项目呈现之后，出现两个可能的反应让被试选择，其中一个为曾出现过的项目。如目标字母为第四个字母，则其中的一反应项目为 D，另一反应项目为混淆项目 K。混淆项目也为词，如 WORK，在这种迫选的情况下，能选择正确的原因不外乎三个：第一，被试清楚地知觉到目标字母，这就无所谓词优效应。第二，被试只看到前三个字母，猜对第四个字母，这时无论是词还是非词，猜对的可能性都是二分之一。第三，被试看到前三个字母和第四个字母的轮廓。迫选条件控制了拼写知识的作用。Reicher 仍旧发现有词优效应，组成词的字母比组成非词的字母在识别正确率上高出 10%。这说明在拼写知识和熟悉性都不能起作用的情况下，词的意义仍旧起作用，产生词优效应。

自从 Cattell 提出词优效应以来，心理学在文字认知方面的研究沉寂了一段时间，直到 19 世纪五十年代初期，这类研究才又出现在西方文献里。从 20 世纪 70 年代开始，词优效应受到了广泛的重视。在字词优势效应研究的推动下，Weisstein 和 Harris（1974）研究了包括不同图形中的直线线段的察觉和识别。他们的研究结论是，在一个结构严谨的三维空间图形中的线段识别效果优于组织较差的图形的同一线段识别。这种现象类似于字词的优势效应，他们将之称为"客体优势效应"。

Weisstein 和 Harris 的上述研究引起了人们的注意，原因之一是他们在实验中应用了线段和图形，与 Reicher 所用的字母和字词相比，显得知觉性质更加突出了。这一点确实是有意义的。但是他们把客体效应与三维图形联系起来的看法引起异议，并且还发现影响客体优势效应的其他因素。Earhard（1980）发现，图形的三维性不是产生客体优势效应的必要因素。

1978 年，Klein 发现掩蔽刺激的有无及掩蔽刺激的性质对客体优势效应有重要影响。他设想有两种知觉系统，即特征系统和客体系统。特征系统对视觉刺激的基本特征，如方位、位置等敏感，并且它对靶子线段特征的反应，除受掩蔽刺激的影响以外，不受上下文影响。客体系统不表征个别特征，而是将诸特征整合为三维客体的总体特征，可被三维、结构严谨的刺激所激活。单个线段识别依赖特征系统，有上下文线段识别依赖两个系统。因此，后者优于前者。但随机掩蔽刺激可破坏客体系统表征，或在客体系统提供整体信息之前就迫使识别系统做出反应，这样就不会出现客体优势效应。

实际生活中遇到的客观事物并不是孤立存在的，而是按照一定规律相互联系、相互制约的。因此，人对于各种事物刺激模式的识别也总是相互关联、相互影响的，并具有一定的规律性。在模式识别过程中，自上而下加工的作用随模式识别研究的深入而日益受到重视。在模式识别中，刺激模式的整体结构优于部分，整体的结构在模式识别中起有利作用，统称为"结构优势效应"。其中包括字词优势效应、客体优势效应、构型优势效应、字母优势效应。

三、结构优势效应在教学中的运用

结构优势效应表明，在知觉过程，整体的结构在模式识别中可起到有利作用，位于整体结构中的对象的知觉速度快于结构不严密的组织中知觉对象的知觉速度。

那么在教学中，新授的知识必须要和学生原有认知结构产生一定的碰撞，从而激发学生对新知识的再次建构，故考虑到了先行组织者的作用。同时，新知识本身的结构对学生的建构产生重要的影响，教师们就不得不考虑如何呈现知识，从而发挥结构优势效应的作用。

前面已经提到关于结构优势效应的几种类别。举个例子来说，一个数学教师在教学生认识异面直线的时候，往往都会以教室内的各条直线去讲授什么是异面直线，这种识别效果往往会高于仅在黑板上教师自己去画的效果。这样把异面直线放入一个整体当中，使学生在对整体认识的前提下去认识个体，会比直接让学生去认识个体效果好。这便是采用了客体优势效应。反过来，有的时候却往往需要去注意整个图形结构，因为识别一个完整的图形会优于仅识别其中一部分。举个例子来说，把一个三角形的三条边很凌乱地随意摆着和摆成很规则的三角形，后者较前者容易识别。

再如字词优势效应，简单来说，有的同学背课文的速度快，主要原因在于他会通过联系上下文来记住整篇文章，而有的同学采用的是一句一句地背诵的方式，也就是死记硬背，那么肯定很难把整篇文章都记下来。

因此，教师在教学中，应当充分发挥结构优势效应的作用，通过整体看个体，让学生更加容易接受。

实验七　斯伯林视觉感觉记忆实验

一、实验简介

美国心理学家斯伯林（G. Sperling）于 1960 年的经典实验验证了视觉感觉记忆的存在。首先，使用速时器给被试呈现字母卡片，卡片的呈现时间为 50 毫秒；然后，要求被试立即报告全部记住的字母。这种方法被称为"全部报告法"。斯伯林（G. Sperling）发现，被试一般情况下只能报告其中的 0～4 个字母。虽然任务很简单，回忆成绩却很差。即使将呈现时间延长到 500 毫秒，回忆成绩仍没有明显提高，因此，不是知觉问题，500 毫秒足够感知所有字母。

斯伯林（G. Sperling）又创造了一种新方法，他将卡片上的上、中、下三行字母与数字分别匹配高、中、低三种声音信号。要求被试在听到低音时报告字母卡片最下面一行字母；当听到高音时，报告字母卡片中最上面一行字母；而当听到的是中音时，则报告卡片中间一行字母。这就是部分报告法。它与全部报告法的不同之处在于，它只要求被试将记住字母中的一部分并报告出来，而不是报告全部。实验时，刺激卡片的呈现时间仍为 50 毫秒。结果证明，不论被试听到的是高、中、低哪种声音信号，他们都能非常准确地报告所有字母。

斯伯林（G. Sperling）发现，使用部分报告法，被试平均能够准确回忆出指定字母的 3/4。这一结果证明被试一定是贮存了整个字母表，因为他们提前并不知道会听到哪种音调的纯音。因此，部分报告法提高了被试的回忆成绩。

二、感觉记忆与图像记忆、声像记忆

我们每天都面临大量刺激信息，它们通过视觉系统和听觉系统，并在已贮存的知识经验参与下转变成知觉表征。例如，人们在看电影、电视时，能够将相继出现的静止画面看成运动的图像，在看书时不受眨眼和眼动的干扰而保持知觉的连续性，这些都依赖于视觉停滞。视觉停滞是指直接作用于感觉器官的外部刺激产生感觉像后，虽然刺激的作用停止，但感觉像能够在极短时间内保持的现象。不仅视觉存在这种现象，其他感觉通道也是。感觉滞留现象说明，感觉信息可以在瞬间贮存，这种记忆就是感觉记忆或感觉登记。

感觉记忆指在物理刺激不再呈现时，信息以一种相对原始的、未被加工的形式在较短时间内保持。感觉记忆保持的感觉信息虽然非常短暂，但它脱离刺激的直接作用，因此为进一步加工提供了充足时间和可能性，这个过程对知觉活动本身和其他高级认知活动都有重要意义。由于我们接受的外部信息主要来自视觉和听觉，对感觉记忆的研究主要集中在这两个方面，视觉的为图像记忆，听觉的为声像记忆。两种感觉记忆表现出不同的规律，图像感觉记忆的持续时间在 500 毫秒以内，而声像记忆持续的时间要长得多，可达 4 秒。

图像记忆是视觉的感觉记忆，这是一种普遍的心理现象，几乎我们每个人都在体验。例如，老师在使用投影仪上课时，为了检查机器是否正常运转，提前将一张胶片放在投影仪上，打开投影仪后又迅速关上。在开投影仪的瞬间我们看到屏幕上的内容，而投影仪关闭时，视觉刺激消失的一段极短时间内，我们似乎仍然可以"看见"投影仪上的内容，这就是图像记忆。同样的，针对听觉材料的感觉记忆被称为"声像记忆"。

三、斯伯林（G. Sperling）视觉感觉记忆实验在教学中的应用

将实验字符集设置为"3、4、6、7、9、C、F、G、H、J、K、L、M、N、P、R、T、V、W、X、Y"，共计 21 个，只选用辅音字母，最大程度减弱学生将字符组联想成单词记忆的可能性，并且去除了容易混淆的字母与数字。将 21 个字母随机排列成 3

行 1 列、3 行 2 列、3 行 3 列、3 行 4 列的组合，其中每两张中插入一张空白 PPT，共计 8 张 PPT 展示。

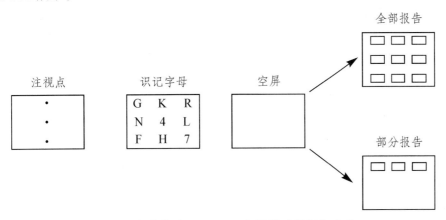

图 2.8　斯伯林（G. Sperling）视觉感觉记忆实验

首先在屏幕上出现 3 个 "＋" 注视点，每行一共 3 个，提醒学生注视点消失后会出现 3 行字符，字符呈现一段时间后消失，要求学生尽可能地回忆刚刚出现在屏幕上的字符，并将这些字符按顺序写在纸上。

在进行全部报告法后，进行部分报告法的操作，老师给学生呈现字符页 PPT 后，快速跳到空白页，并讲出要求学生写出上、中、下某一列的字符，写在纸上。

实验全部结束后，老师展示 PPT，学生们对照自己写下的答案，讨论两种情况下的正确率情况。

实验结束后，让学生们讨论为什么会出现这样的情况，通过课堂小实验，了解到实验流程和学习全部报告法和部分报告法，随后介绍斯伯林（G. Sperling）视觉感觉记忆实验，将课堂实验结果与斯伯林（G. Sperling）当年的实验结果进行对照分析，让学生思考如果是在实验室进行实验，哪些原因会导致结果出现偏差（被试的差异性、实验前训练产生的练习效应等都有可能造成实验结果的不同）。

最后，让学生思考，感觉记忆分为图像记忆和声像记忆，如何用全部报告法和部分报告法设计一个听觉的感觉记忆实验，其中又有哪些注意点。

实验八　威肯斯前摄抑制实验

一、实验简介

语义信息能否在短时记忆中表现出来？威肯斯 Wickens 等在 1972 年最先展开了这方面的研究，他们的大部分实验采用了前摄抑制实验范式。在实验一中，给被试呈现由三个相关词组组成的系列，如香蕉、桃子、苹果，然后让他们进行 20 秒的数学计算，以防止复述；之后回忆 3 个单词。接着分别完成实验 2、实验 3、实验 4，这些实验程序与实验 1 完全一样，只是每次呈现的单词不一样。

实验材料包括四个不同范畴的单词（蔬菜、花、肉类和职业），控制条件为"水果"组（见表 2.1）。结果表明，在实验 1 到实验 3 的 5 个不同范畴中被试的回忆成绩逐步下降，表现出明显的前摄抑制。在实验 4 中，控制条件"水果"组，回忆成绩仍受到前摄抑制的作用而继续下降，但其他实验组的回忆成绩有不同程度的上升，上升最高的是"职业"组，这种现象是前摄抑制释放。

表 2.1　实验材料

条件	试验 1	试验 2	试验 3	试验 4
水果（控制条件）	banana（香蕉） peach（桃） apple（苹果）	plum（李子） apricot（杏） lime（酸橙）	melon（瓜） lemon（柠檬） grape（葡萄）	orange（橘子） cherry（樱桃） pineapple（菠萝）
蔬菜	onion（葱） turnip（芜菁） corn（玉米）	radish（萝卜） beans（豆） spinach（菠菜）	potato（土豆） peas（豌豆） okra（秋葵）	orange（橘子） cherry（樱桃） pineapple（菠萝）
花	daisy（雏菊） rose（玫瑰） iris（鸢尾）	violet（紫罗兰） daffodil（水仙） zinnia（鱼尾菊）	tulip（郁金香） dahlia（大丽花） orchid（兰花）	orange（橘子） cherry（樱桃） pineapple（菠萝）
肉	salami（意大利腊肠） pork（猪肉） chicken（鸡肉）	bacon（熏肉） hot dog（热狗） beef（牛肉）	hamburger（汉堡包） turkey（火鸡） veal（小牛肉）	orange（橘子） cherry（樱桃） pineapple（菠萝）
职业	lawyer（律师） bus driver（驾驶员） teacher（教师）	dancer（舞者） minister（部长） executive（主管）	accountant（会计师） doctor（医生） editor（编辑）	orange（橘子） cherry（樱桃） pineapple（菠萝）

在 5 种范畴条件下，从实验 4 的回忆成绩中可以看出，控制组继续使用原来范畴的单词，回忆成绩继续受前摄抑制影响。其他 4 种条件下的回忆成绩将依赖于学习项目和水果之间的语义相似性而有所不同。威肯斯（Wickens）的实验结果表明，短时记忆可表征范畴意义，并存在某种语义编码，因而其贮存也受到前后学习材料的意义联系的影响。

二、介绍短时记忆信息编码

短时记忆和长时记忆是两个分离的记忆系统，信息由于得到复述而被暂时贮存在短时记忆中。这个理论的关键是将短时记忆确定为长时记忆和感觉记忆的中转站，作为感觉记忆和长时记忆之间的缓冲器和信息进入长时贮存的加工器。

短时记忆的容量和持续时间都非常有限，这些特性促使人们思考，在短时记忆中，信息以什么形式保持或贮存，这就是短时记忆的编码问题。

当一件事发生时，人们通过感觉通道接收到一些信息，但心理表征并非只是对最初刺激的简单复制，因此区分各种不同形式的心理表征的不同特征非常重要。有些特征的编码不需要多大努力和有意注意，是一种自动加工；而另外一些特征的编码则需要努力和有意注意，即控制加工。根据外部信息的不同形式，短时记忆中信息编码的方式有听觉编码、视觉编码和语义编码。

前摄抑制指先前学习对随后学习和回忆有干扰，前、后学习的材料越相似，干扰越大。

三、威肯斯（Whickens）前摄抑制实验在教学中的应用

将学生随机分为 4 组，安排第 1 组学生先学习 A 项目（记忆 10 个水果类单词），间隔一段时间后学习 B 项目（10 个学科名称），然后测试被试学习 B 项目的成绩。第 2 组只学习 B 项目，然后测试被试学习 B 项目的成绩。第 3 组先学习 A 项目，间隔一段时间后再学习 B 项目，然后测试学习 A 项目的成绩。第 4 组只学习 A 项目，然后测试学习 A 项目的成绩。经过实验后，让 4 组学生记录自己的记忆情况，进行讨论，发现第一组学生和第二组学生在记忆 B 项目上有明显的差异，让学生们了解前摄抑制的表现；第三组和第四组学生在学习 A 项目上表现出来的差异，就是倒摄抑制的表现。通过小实验，学生们学会如何利用记忆的前摄抑制和倒摄抑制，更好地发挥记忆的效果，提高记忆效率。

实验九　斯腾伯格记忆提取实验

一、斯腾伯格（Sternberg）反应时法记忆提取实验

1969 年，斯腾伯格（Sternberg）运用反应时法进行了记忆提取实验。实验中他向被试呈现在短时记忆容量以内的、一系列不同长度的刺激项目，称作"记忆集"；接着呈现一个检索项目，让被试报告这个检索项目是否包含在记忆集中，以反应时作为指标分析短时记忆提取的特点。他推测，如果被试要对短时记忆中所有识记项目进行全部扫描后才能对测试项目进行"是"或"否"判断的话，那么被试进行正确判断所需要的反应时不应随记忆集的大小而变化；如果被试按平行方式扫描，反应时随识记项目的增加而增加，成一条直线，即反应时是记忆集大小的函数。因此，斯腾伯格（Sternberg）认为，短时记忆信息的提取是系列扫描。

斯腾伯格（Sternberg）的实验结果支持了从头至尾的系列扫描方式，即被试在发

现检验项目后，仍然继续把剩余的项目和检验项目进行比较。他认为，由于比较过程和决策过程是分不开的，比较过程非常迅速，而决策过程费时较长，为了提高工作效率，与其比较一次做一次判断，不如全部检查完毕后再做一次性判断更经济。

二、记忆提取与记忆提取模型

记忆经常被比喻为一个大图书馆，特别是当记忆信息以某种结构体系的形式储存，并且记忆信息的提取依赖于最初的"分类"或编码时，记忆与图书馆具有明显的相似之处。

信息被编码和储存后，可以通过不同的方式提取他们。然而贮存的信息总比我们报告出来的信息多。有的信息虽然被保存在记忆中，却不能被提取。人们从来没有真正忘记学习过的材料，关键问题是不能从记忆中提取它们。有时记忆的材料在一种情况下不能得到回忆，但是在另一种情况下却会显示它们的影响，这取决于不同的提取方式。

有相当数量的研究表明，短时记忆的提取过程是相当复杂的，研究者据此提出了许多的理论模型。斯腾伯格（Sternberg）的搜索模型认为，短时记忆中的信息提取是从头到尾的系列扫描过程。直通模型认为，短时记忆中信息的提取并不是通过扫描的方式进行，大脑可以通达要提取的项目在短时记忆中的位置，进行直接提取。

三、斯腾伯格（Sternberg）记忆提取实验在教学中的应用

首先随机选择一位学生，展示 PPT（PPT 中包含各种各样的水果，按顺序系列摆放），让学生记住这张 PPT 中的内容，接着展示另一张 PPT，询问该学生目标水果（如苹果）有没有出现在前一张 PPT 中。

然后更换学生，询问有没有自愿来做这个实验的，再进行同类的小实验，将 PPT 换成其他类别，例如数字，先展示排列数字的 PPT，再切换到下一张，问学生有没有出现目标数字。目的是让学生设身处地地体验记忆的提取，了解课程主题。

和学生讲解斯腾伯格（Sternberg）的实验，引导他们学习平行扫描和系列扫描两种记忆提取方式，并且讨论自己在生活中是否运用过这两种扫描方式，加深对记忆提取的学习。

实验十　斯特鲁普负启动效应实验

一、实验简介

在负启动实验中，研究者向被试呈现用红、绿颜色书写的两个部分重叠的英文字

母。红字母为目标字母，要求被试又快又准地读出该字母；绿字母为分心字母，要求被试不理会它。

实验设置了三种条件：（1）控制条件，每次实验中目标字母和分心字母都不同。（2）分心字母启动条件。启动显示中的分心字母在探测显示中作为目标字母。（3）重复分心字母条件。分心字母保持不变。

结果显示，分心字母在启动条件下的反应时显著长于控制条件下，因为在探测显示中的目标字母是受到抑制的，对此字母的反应受到影响。

二、内隐记忆、启动效应和负启动效应

在记忆过程中，有一种记忆是通过内隐方式进行的，即内隐记忆。它是指对先前的经验不需要经过有意回想的一类记忆形式，是某些记忆成分开始工作而个体并没有意识到的一种现象，并且只在对特定任务的操作中能自然地表现出来。

启动效应是内隐记忆的主要形式之一，指执行某一任务对后来执行同样或类似任务地促进作用。

负启动效应是指，当前一个刺激中的干扰项作为后一个刺激中的目标呈现时出现的抑制作用，即当上次显示（启动实验）中被忽略的干扰项成为下次显示（探测实验）中的目标项时，被试对该目标项的反应时增长。

三、斯特鲁普（Stroop）负启动效应实验在教学中的应用

向学生展示一张黑色的"白"字，问学生这个字是什么颜色的？学生觉得很简单并且能够快速回答出来。

加大难度，向学生展示一张六行六列的颜色字，颜色和字体颜色不同。例如绿色字体的"红"，蓝色字体的"黄"，依次类推。随机选择一名学生，问他能不能快速并且准确地说出 PPT 上字的颜色。

学生进行回答，明显回答的正确率要比同色同字的低，并且反应时间也要更久一点。选择两三个学生再次做这个实验，出现了相同的情况。

做完实验后，向学生们解释，什么是负启动效应，并且提出问题，类推启动效应，谈谈生活中哪些情况下会出现启动效应，加深学习印象。

实验十一　层次网络模型典型实验

一、实验简介

层次网络模型是认知心理学中第一个语义记忆模型，并且因为其具有层次网络结

构而被称为"层次网络模型"（见图 2.9）。柯林斯（Collins）和奎连（Quillian）进行了一系列实验来验证这个模型。实验材料是一些简单的陈述句，每个句子的主语都是层次网络中最低水平的一个具体名词，而谓语则取自不同水平。这些句子又可分为两种性质：一种是特征句，如"金丝雀会唱歌"；二是范畴句，如"金丝雀是鸟"。例如以下三个：

1. 金丝雀是金丝雀。
2. 金丝雀是雀。
3. 金丝雀是动物。

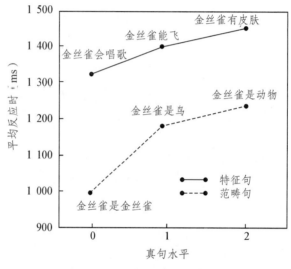

图 2.9　层次网络模型实验

验证句 1 所需要的时间较短，因为搜索过程开始于同一地点，很快产生分叉；对句 2 而言，搜索过程必须扩散一个水平，对这个句子的验证需要更多的时间；而在验证句 3 时，搜索过程必须扩散两个水平，对这个句子验证需要更多的时间。

二、层次网络模型

层次网络模型是奎连（Quillian）在 1968 年提出的最早的网络模型之一。后来也用来说明人的语义记忆，并因其具有层次网络结构而被人称作"层次网络模型"。在这个模型中，语义记忆的基本单元是概念，每个概念具有一定特征。有关概念按逻辑的上下级关系组织起来，形成一个有层次的网络系统。

层次网络模型对概念的特征相应地实行分级贮存。在每一级概念的水平上，只贮存该概念独有的特征，而同一级的各概念所具有的共同特征则贮存于上一级概念的水平上。层次网络模型的核心是概念按逻辑的上下级关系而组成网络。

三、层次网络模型在教学中的应用

首先，让学生对"动物"下定义，比如会呼吸、有皮肤、能活动、会吃食物；再对"鱼"这个词下定义，比如有鳃、有背鳍、会游泳。

然后给出"鲨鱼"的三句话。例如，<u>鲨鱼是鲨鱼</u>，<u>鲨鱼有鳃</u>，<u>鲨鱼是鱼类</u>。

将学生进行分组，六人为一小组，其中四个人挑选一个名词下定义，分别是特征句和范畴句。另外两个学生当被试，观察对这些句子的反应时长。

测验后学生发现，对一级概念的反应时间最短，通过实验更加了解记忆的层次网络模型概念。

实验十二　启动效应实验

一、实验简介

1996 年，纽约大学的巴赫（Bargh）和布罗斯（Burrows）做了一个实验。

他们给参与实验的大学生看一组词，让大学生把这些词组成一个有意义的句子，并且告诉被试，这是测试他们的语言能力。当组完句子的学生走出教室时，一名研究人员待在走廊上，外套里放着一只秒表。而距离测试教室十米的走廊上贴着一条银色胶带，研究人员需要测试被试走过这段距离的时间。

巴赫（Bargh）将参与实验的大学生分为两组，实验组大学生看到的词，比如皱纹、痛苦、孤独，能让人想起老年人缓慢行走的样子，而对照组大学生看到的单词不会让他们想到特定的画面。

实验结束后发现，实验组大学生走完走廊所花费的时间要明显长于对照组学生。特定的词对大学生后来的行为产生了一定的影响，这就是启动效应。

二、启动效应

启动效应，是指由于之前受某一刺激的影响而使得之后对同一刺激的知觉和加工变得更加容易的心理现象。

启动效应又可分为重复启动效应和间接启动效应。重复启动是指前后呈现的刺激是完全相同的，即后呈现的刺激完全相同于前呈现的启动刺激；而间接启动效应除了重复启动之外，还允许两个刺激有所差别。

三、启动效应在教学中的应用

将学生分为两组，要求第一组学生按每分钟三十步的速度绕教室走两圈，第二组学生按照正常的走路速度走两圈。

两组学生走完之后，在 PPT 上呈现一些随意排列的词组，其中有一些词组和年老有关的，两组学生从这些词组中挑选出描写老年人的。经过挑选后发现，第一组学生挑出描写老年的词语的速度要明显快于第二组学生。

经过实验后发现，第一组缓慢走路的学生，在走路的过程中得到了暗示，从而对老年人的描述反应更加敏感。

实验结束后，让学生们讨论生活中的启动效应。

实验十三　心理旋转典型实验

一、实验简介

20 世纪 70 年代初，美国心理学家谢帕德（Shepard）等人做了一个实验。在实验中，他们以三种刺激作为材料，即平面对（A）、立体对（B）和镜像对（C），如图 2.10 所示。实验要求被试判断所看到的一对图经过旋转后能否重合，记录被试的正确反应时。

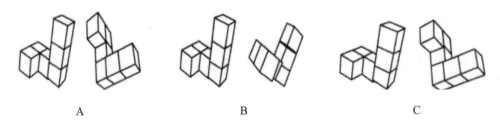

A   B   C

图 2.10　心理旋转实验三种刺激

实验结果显示，无论是平面对称还是立体对称，被试的反应时变化趋势都相同；两对图形的方位差越大，信息加工时间越长；方位差每增加 53 度，反应时就增加 1 秒。

由此可见，心理旋转是存在的，旋转的速度是每秒 53 度。谢帕德（Shepard）等人认为，被试在辨认图形时，需要对头脑中贮存的表象图形做旋转运动，随着图形旋转度数的增加，反应时也相应延长。

二、表象及心理旋转

表象，是信息编码的一种主要形式，是人在心理活动过程中产生的形象。

心理旋转是一种将想象中的自我或客体进行旋转表征的能力，也可以把它看成是一种评定空间智力的重要指标。心理旋转以心理表象为基础，并对心理表象进行旋转操作。通过心理旋转，可以将我们头脑中的映象按一定速度旋转任意角度。由于心理旋转的速度相对恒定，所以，旋转的角度越大，所需时间也越长；旋转角度越小，时间就越短。

三、"心理旋转"在教学中的应用

第一，实验。将学生分为三组，给学生呈现一组图形，分别是平面对称（A）、立体对称（B）和镜像对称（C），如图 2.10 所示，让三组学生讨论看到的一组图形能否重合，看哪一组学生完成的速度更快。

第二，请学生回答问题，是怎样判断这些图形可以重合在一起的。学生会回答在心里将这些图形的角度稍微调整了下，比如把图 A 右边的图逆时针旋转成和左边一样的角度，然后看它们是否重合。其他组的学生同样使用了这个方法。

第三，学生切身体会到心理旋转后，老师和学生讲心理旋转的经典实验，学生对心理旋转这一概念更加了解。然后将实验进行扩展，例如库珀（Cooper）和谢帕德（Shepard）的进一步研究——心理旋转和角度的关系。

实验十四　心理扫描典型实验

一、实验简介

早在 1978 年，考斯林（Kosslyn）等人就对心理扫描进行了实验研究。他们要求被试构建一个视觉表象，并对这个表象进行加工，如同用内部"眼睛"对它们进行扫描，以确定其中的客体或其空间特性（如大小、方位、位置等），并记录被试扫描所需要的时间。

在考斯林（Kosslyn）的研究中，表象操作中最为著名的现象分别是距离效应和大小效应。在距离效应实验中，实验者要求被试"注视"图上某一物体并形成表象点，然后，请被试判断主试所说的另一物体是否为图中的物体，并记录被试的反应时；或要求被试在心理的注视点和目标点之间"画"一条最短的线路，记录被试所用的时间。实验结果表明，两点之间的距离越长，反应时也越长，这种现象就是距离效应。

在另一些实验中，考斯林（Kosslyn）等人通过训练使被试形成四个颜色不同的正方形表象，他们的大小各相差6倍。实验时主试说出一种颜色和一种动物，要求被试把该动物想象得与颜色框一样大。然后让被试对动物身上是否具有某一特征进行真伪判定，并且记录被试判断的反应时（见图2.11）。

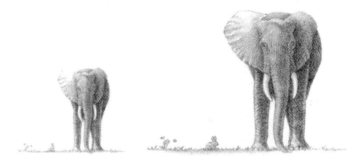

图 2.11　心理扫描实验

实验结果表明，表象的物体越大，则被试对其特征的真伪判定所需要的反应时越短，即评定主观表象较小的客体要难于评定主观表象较大的客体。

二、心理扫描

心理扫描，指通过"内部的眼睛"来扫描表象反映的客体特性的过程。以考斯林（Kosslyn）为代表的表象存在论认为，表象与现实客体的知觉相似，视觉表象中的客体也有大小、方位、位置等空间特性。他们的研究既证实了在心理活动中心理扫描的存在，又证实了表象与现实客体知觉的相似性。

三、"心理扫描"在教学中的应用

让学生们想象两张图，第一张图片中兔子靠在大象的旁边；第二张图中，兔子靠在蜜蜂的旁边。然后问同学们大象旁边的兔子和蜜蜂旁边的兔子哪一个大，大部分同学都会回答，大象旁边的兔子要比蜜蜂旁边的兔子要小。

老师讲出兔子的一个特征，例如，兔子有没有耳朵，要求同学们在想象的两张图中找到兔子，然后看看它们有没有耳朵。

结果发现，确定图一中兔子有没有耳朵要比确定图二兔子的特征所花费的时间更久。

实验过后，向同学们解释心理扫描的大小效应，评定主观表象较小的客体要难于评定主观表象较大的客体。做完心理扫描的大小效应后，将学生分为四组，分别做心理扫描的距离实验。通过实验，了解心理扫描的含义，学习相关的概念。

实验十五　里普斯和马库斯的实验

一、实验简介

1979 年，里普斯（Rips）和马库斯（Marcus）共选取了 248 名从未学习过逻辑性课程的被试参加实验，以保证实验结果的客观性。他们向被试呈现八个具体的条件性推理，要求被试判断它们的结论是"永远真实""有时真实"还是"从不真实"。研究者使用的推理材料是：

（1）如果一张卡片的左边是 A，那么它的右边就有 7。
这张卡片的左边是 A，所以，这张卡片的右边有 7。
（2）如果一张卡片的左边是 A，那么它的右边就有 7。
这张卡片的左边是 A，所以，这张卡片的右边没有 7。
（3）如果一张卡片的左边是 A，那么它的右边就有 7。
这张卡片的左边不是 A，所以，这张卡片的右边有 7。
（4）如果一张卡片的左边是 A，那么它的右边就有 7。
这张卡片的左边不是 A，所以，这张卡片的右边没有 7。
（5）如果一张卡片的左边是 A，那么它的右边就有 7。
这张卡片的右边有 7，所以，这行卡片的左边是 A。
（6）如果一张卡片的左边是 A，那么它的右边就有 7。
这张卡片的右边有 7，所以，这张卡片的左边不是 A。
（7）如果一张卡片的左边是 A，那么它的右边就有 7。
这张卡片的右边没有 7，所以，这张卡片的左边是 A。
（8）如果一张卡片的左边是 A，那么它的右边就有 7。
这张卡片的右边没有 7，所以，这张卡片的左边不是 A。

二、知识点介绍

在上述八个条件推理中，第一、二、七、八个推理是肯定前件式推理和否定后件式推理，被试对第一和第八个推理的正确反应应该是"永远真实"；对第二和第七个推理的正确反应应该是"从不真实"；第三、四、五、六个推理则是无效的否定前件式推理和肯定后件式推理，被试的正确反应应该是"有时真实"。从表中可以看到，被试对第一、第二个推理的判断完全正确，即第一个结论"永远真实"，第二个结论"从不真实"。这说明被试成功地运用了肯定前件式推理。但是，对第七和第八个推理，有一些被试做出了错误的判断，只有 77% 的被试认为第七个结论"从不真实，只有 57% 的被试认为第八个结论"永远真实"。这说明，人们接受否定后件式推理要困难得多。另外，大约有 20% 的被试对第三、四个推理的判断是错误的，即认为第三个结论"从不真实"，第四个结论"永远真实"，也就是说，一些被试相信否定前件就应该否定后件，或者说否定前件式推理是有效的。对第五和第六个推理，也有约 20% 的被试判断错误，他们认为第五个结论"永远真实"，第六个结论"从不真实"。也就说，被试认为肯定后件就应该肯定前件，或者说肯定后件式推理是有效的。

三、实验在教学中的应用

对学生进行实验重演，从而加深学生对实验的理解。

引导学生思考：什么是肯定前件式推理和否定后件式推理？这个实验说明了什么么？条件推理都有哪些特点？实验中提到的另一种解释是什么意思？

实验十六　彼得·沃森的实验

一、实验简介

研究者给被试呈现四张卡片，分别标有数字或字母，如"A""D""4"和"7"，并告诉他们每张卡片的一面写着数字，另一面写着字母，然后给被试一个条件命题："如果卡片的一面是一个元音字母，那么它的另一面是个偶数。"被试的任务是，推断出为了判断这个条件命题是否为真，必须翻看哪几张必要的卡片。

二、知识点介绍

正确的答案是选择卡片"A"和卡片"7"。为什么呢?卡片"A"是相关的，因为按照规则，它构成了肯定前件式的推理（"如果一张卡片的一面是元音字母，那么它的另一面是偶数"，"卡片的一面是元音字母"，"那么，它的另一面是偶数"）。卡片"7"同样重要，因为按照规则，它构成了否定后件式的推理（"如果一张卡片的一面是元音字母，那么它的另一面是偶数"，"卡片的一面不是偶数"，"那么，它的另一面不是元音字母"）。卡片"D"是不相关的，因为它构成的是否定前件式的无效推理（"如果张卡片的一面是元音字母，那么它的另一面是偶数"，"卡片的一面不是元音字母"，"那么，它的另一面不是偶数"）。同样,选择卡片"4"就等于接受了肯定后件式的无效推理（"如果一张卡片的一面是元音字母，那么它的另一面是偶数"，"卡片的一面是偶数"，"那么，它的另一面是元音字母"）。大量类似实验的平均结果是，大约 90% 的被试选择卡片"A"，但只有 25% 的被试选择卡片"7"。另外，约有 60% 的被试错误地选择卡片 "4"（Oaksford&Chater，1994）。

但是，如果四张卡片换上了其他信息，个体的表现可能发生改变。如卡片的一面 是人的年龄，另一面是他喝的饮料，所示的四张卡片上写着"喝啤酒""喝可乐""16 岁"和"22 岁"，所要检验的命题是"如果一个人喝啤酒，那么他一定超过了 19 岁"。 这个实验是由 Griggs 和 Cox（1982）进行的，他们发现大约 3/4 的大学生被试能正确 解决饮酒年龄的问题，但很少有人能解决字母和数字的同类问题。

三、实验在课堂教学中的应用

在实际的课堂和教学中，可以让学生思考如何解决实验中的问题。Griggs 等人认 为，问题的某些内容会使人想起与内容有关的个人经验，这些经验可以帮助被试进行 推理。实验中的大学生被试之所以在与饮酒年龄有关的四卡任务中成绩优异，是因为 他们具有关于饮酒年龄法规的个人经验（或许他们违反过这些法规），这使他们考虑到 哪种年龄与饮料的组合将违背法规。而被试在推断元音字母与数字的关系时，是没有 可供比较的相关经验的。

实验十七　沃森的假设检验任务实验

一、实验简介

沃森（Wason，1960）在一个假设检验任务中研究了归纳推理并演示了这种证实 偏见。在这个研究中，他给被试三个数字 2、4、6，并告诉被试这三个一组的数字遵 循某种规则，被试的任务是判断该规则是什么，但被试不可以问与规则直接相关的问 题。被试可以做的是，给自己提供三数组，并从主试那里获得反馈信息，即主试要告 诉被试，被试所提供的每个三数组是否符合规则。在完成这个任务的过程中，他要求 被试尽量不要去乱猜，只有当被试掌握规则时，才能说出来。

二、知识点介绍

研究结果表示，在所有（29 个）被试中，只有 6 人没有在开始时做出错误的猜 测而直接发现了规则。有 13 人做了一次错误的猜测，9 人做了两次或两次以上的错 误猜测，还有 1 人最终也没有得到正确结论。多数犯错误的人的思考方式是：形成 对规则的大体概念，然后按照这个规则去建构例子以证实这个规则的正确性。他们没有做到的是，构造一个反例来检验这个规则：反例也是一个三数组，如果规则正确，被试就不会从主试那里得到肯定的答复。沃森（Wason）称被试的这种倾向为证实偏见，因为被试似乎努力去证实自己规则的正确性，而没有试着用反例检验他们的规则。

再比如，一个教师认为某个学生能力很差，那么他会对这个学生抱有很低的期望，然后学生给老师的反馈也很少，这样，教师最初的信念便得到了"证实"。

三、假设检验任务实验在教学中的应用

在课堂教学中，可以尝试让学生进行这个实验，或者让学生思考日常生活中因果判断出现错误的原因。在实际生活中，我们的因果判断经常会出现错设错误。比如，我们有时仅仅根据一些相关性证据就做出因果推论。事实上，因素 A 与因素 B 的相关关系可以存在于多种情况下，如因素 A 导致因素 B，或因素 B 导致因素 A，或某个更高层次的因素 C 导致了因素 A 和 B 一起出现。如果我们认识不到因素 A 和因素 B 可能存在的复杂关系，就会轻率地做出有可能错误的因果结论。

实验十八　猫开迷笼实验

一、实验简介

把饥饿的猫关到笼子里，笼子外有食物。如果笼子里面的一个踏板被碰到的话，那么笼子的门就能被打开。刚开始，猫表现出明显的不安，它在笼子里用爪子到处乱抓，企图从笼子里跑出来，几分钟后，猫偶然碰到那个踏板，门开了。经过反复多次的尝试，那些不成功的反应逐渐被排除，而能成功打开笼门的行为逐渐被保留下来。最终，当猫再次被放回到笼子里的时候，它就会直接去碰踏板而离开笼子。

二、知识点介绍

动物的这种学习行为被称为"尝试错误的行为"，就是在一定的刺激模式和反应模式间建立起联系或联结，并且，联结的建立是渐进性的，其中没有推理的成分。在桑代克的实验中，动物的学习行为也是一种解决问题的行为。猫使用尝试错误的方法打开笼门，从笼子中逃出来，就解决了它面临的一个问题。因此，早期的联想主义和行为主义心理学家认为问题解决是尝试错误学习的结果，或者是对先前习得性反应的再现。

三、猫开迷笼实验在教学中的应用

这个实验的结论完全正确吗？有没有什么不足？这是值得学生思考的问题。有没有什么能够完善这个实验的方法？德国格式塔心理学派的奠基人之一苛勒（Kohler）不同意上述观点。他认为，问题解决行为不是简单的尝试错误学习或再现反应，而是对问题结构的顿悟并且重构问题以便解决问题。格式塔心理学派对问题解决的研究同样始于动物实验。1913—1917年，苛勒（Kohler）对黑猩猩的问题解决行为进行研究，最著名的是箱子问题和棒子问题两个系列实验，苛勒由此提出"顿悟说"。

实验十九　创造性研究的有效工具编制的
远距离联想测验

一、实验简介

创造性是人类能力的最高表现。富有创造性的人一般会联想到常人无法联系到一起的东西，创造出前所未有的事物。这个创造过程常常在短时间内完成，但其内在机制却极其复杂。创造性研究面临的最大问题是如何测量创造性，因此，具有高信度和高效度的创造性量表对于创造性方面的研究显得特别重要。梅德尼克（Mednick）发明的远程联想测验是测量创造性的有效方法。

在远距离联想测验中，每个测验项目由三个单词组成，要求被试想出与所给三个单词都有联系的第四个词。例如，对下面三个词：food、catcher、hot，有人想出 dog 与它们建立联系，构成 dogfood（狗食）、dogcatcher（捕狗器）和 hotdog（热狗）。

二、知识点介绍

一些学者认为，远距离联想测验至少测量了创造性的某个成分，但是，也有人发现，有些很有创造性的人在这一测验中不能取得好成绩。那么，是否会存在这样的情况，即我们潜意识里很富于创造性，我们能在刺激间建立很多联系，但却不能有意识地觉察到它们？Bowers（1990）检验了这种可能性，他们设计了一种类似于远距离联想测验的任务。如前文所述的那样，呈现三个单词，这三个单词或者如"goat（山羊），pass（经过），green（绿色）"那样，都围绕着一个中心词"mountain"（山），因而这是连贯的单词组合，或者，三个单词如"bird（鸟），pipe（管道），road（道路）"那样，是没有明显的中心词的不连贯组合，它们没有明显的共同元素。在这一研究中，研究者给被试呈现连贯或不连贯的三词组，要求被试判断哪些单词组是连贯的，并尽可能找出其中的共同元素。结果表明，被试可以识别出连贯的单词组，即使他们想不出中心词。也就是说，被试有时似乎知道所给的三个单词有共同元素，但不能准确地命名。这个结果意味着，在远距离联想测验中，一些有创造性的被试可能只是激活了部分答案，由于他们没有有意识地觉察答案，无法报告出来，因而不能在测验中取得好成绩。

三、远距离联想测验在教学中的应用

什么是远距离联想测验？远距离联想测验的表格有什么特点？这是学生需要思考的问题。同时，还可以让学生探讨影响创造性的因素以及为什么这些因素会影响创造性。

第三章 教育心理学典型实验案例

实验一 未完成事件在记忆中的妙用
——蔡格尼克效应实验

一、实验简介

20 世纪 20 年代苏联心理学家 B. B. 蔡格尼克在一项记忆实验中发现的心理现象。她让被试做 22 件简单的工作，如写下一首你喜欢的诗，从 55 倒数到 17，把一些颜色和形状不同的珠子按一定的模式用线穿起来等。完成每件工作所需的时间大体相等，一般为几分钟。在这些工作中，只有一半允许做完，另一半在没有做完时就受到阻止。允许做完和不允许做完的工作出现的顺序是随机排列的。实验后，在出乎被试意料的情况下，立刻让他回忆做了 22 件什么工作。结果是未完成的工作平均可回忆 68%，而已完成的工作只能回忆 43%。在上述条件下，对未完成的工作的回忆比已完成的工作的回忆效果好，这种现象就叫"蔡格尼克效应"。

二、相关知识点

为什么人们对未完成的工作的回忆量会优于已完成的工作?有人认为这是由于未完成的工作引起了情绪上的震动。但如果我们把工作用三种方式处理：第一种是允许其完成，第二种是我们中途加以阻止使它们最终没有完成，第三种是中途加以阻止后我们再让其完成。结果发现，人们对中途被阻止后再完成的工作的回忆量要优于前两种情况，而这就不能用中途阻止所产生的情绪所致来解释了，或许我们可以用心理的紧张系统是否得到解除来加以说明。未完成工作所引起的心理紧张系统还没有得到解除，因而回忆量相对大。中途加以阻止的未完成的工作不仅易于回忆，并且在做了其他工作之后，还有继续完成它的趋势。人们对于尚未处理完的事情会有较强烈的去完成它的动机，所以记忆自然也会较为深刻。

工作和生活中也是如此，你可能对于你目前正在做，但还没完成的事情记忆最深刻，对于已经完成的一些事情或许就不会给予太多关注了。其实这也符合人们的记忆规律，人的大脑总是记住一些需要加工的内容，将之放在工作记忆中，就像是电脑的内存一样，而对于已经完成或将要完成的内容大脑则会有意地去遗忘。

三、实验结论

未完成的任务比已完成的任务记忆保持效果更好；任务在中途或快要结束时被打断比任务开始后不久就被打断的回忆程度要高；具有高成就动机的人能较快地忘记已完成的任务，而把精力投入到新的任务中去。

四、实验启示

课堂上不能"满堂灌"，要给学生留下学习、思考的空间，从而使学生保持对教学内容的张力状态，加深学习印象。每节课预留下节课的复习测试项目，"临时抱佛脚"不可取，因为一旦考试结束，张力系统完全放松，先前记忆的内容就会忘得一干二净。月考时的抱佛脚对期末考试会有不良影响。

实验二　我们记住什么——巴特雷特的长时记忆存储实验

一、实验简介

通过实验研究人的长期记忆存储方式。

在实验中，巴特雷特挑选了一段民间故事作为记忆材料，让几位剑桥大学的学生阅读。第一位学生看完后根据记忆将所能记得的内容写下来，然后传给第二位学生看。第二位学生同样根据记忆将所看到的内容写下来，传给第三个人看。

二、相关知识点

比较实验原文与被试的回忆材料，我们可以明显地发现，回忆材料比原文短，读起来更像是摘要。原文中的许多具体信息被被试省略了，或者说是遗忘了。很显然，被试对记忆材料进行了加工编码，进入长时记忆的是故事的主要内容。据此，巴特雷特认为，人是按照信息内容来记忆的，长时记忆的编码以意义为主。它是长时记忆的主要心理表征。

此外，巴特雷特还发现，回忆的结果比原文更合乎逻辑，有些地方的前后顺序发生了改变，且原文中不少内容被替换或修改了，将故事中的物品改换成了自己熟悉的物品。对此，巴特雷特认为，人在记忆材料时是将材料内容与自己已知的内容整合起来记忆的，当新的信息很难与我们已有的知识结构相结合时，就可能被遗忘或替换。

三、实验结论

人在记忆材料时是将材料内容与自己已知的内容整合起来记忆的，当新的信息很难与我们已有的知识结构相结合时，就可能被遗忘或替换。

四、实验启示

记忆的精加工策略指的是通过学习，使新旧信息之间形成附加联系，使新信息更有意义，从而促进对新信息的理解与记忆的学习策略。经过精加工的信息进入已有知识网络，在以后需要唤起的时候容易检索，即使直接检索出现困难，也能够通过知识网络间接地把它推导出来。

精加工策略主要有：

（1）类比法。运用类比，抽象的内容可以具体化、形象化，陌生的东西可以转化为熟悉的东西，深奥的道理可以用简单明了的方式揭示出来。

（2）比较法。

（3）扩展与引申。

（4）先行组织者。指先于学习内容呈现的一种引导性材料，目的在于把新知识纳入已有的知识结构中，起到承上启下的作用。

（5）联想法。形象夸张法、情景构建法、谐音意义法。

实验三 读不如说——斯拉麦克的
记忆产生效应实验

一、实验简介

探讨产生条件下与阅读条件下记忆效果的差异。

二、实验过程

被试：24 名学习普通心理学课程的大学生自愿参加实验，他们会因为参与实验得到额外的学分奖励。

设计：这是一个 $2 \times 2 \times 5$ 的因素设计实验。三个变量分别是学习条件、呈现方式与单词规则。其中重点考察的变量是学习条件，分为两个水平：产生条件与阅读条件。在产生条件下，被试根据有关要求说出要学习的单词；在阅读条件下，要求被试读出要学习的单词。实验的重点是考察产生条件下的回忆成绩是否显著高于阅读条件。实验控制了呈现方式与单词规则两个变量。呈现方式分为计时方式与自我控制方式两个水平。单词规则分为五个水平，分别是：意义联系，如 lamp—light；分类，如 ruby—diamond；反义，如 long—short；同义，如 sea—ocean；押韵，如 save—cave。

材料：学习材料共有 100 个项目。按照学习条件与单词规则的规定生成，因此共有 2×5，即 10 种类型的项目。这 10 种类型分别为产生—意义联系、阅读—意义联系、产生—分类、阅读—分类等，每个类型各 10 个项目，这样就可以得到实验需要的 100 个项目。在产生条件下，每张卡片上有一个刺激材料（一个单词）与相应的首字母，如 rapid—f。在阅读条件下，两个单词都会呈现，如 rapid—fast；另外，还需要准备一部分练习卡片，用于让被试熟悉学习任务。

再认任务材料共有 100 个项目，每个项目由目标词与 2 个干扰项组成。目标词随机出现，干扰项单词不必遵循任何单词规则的要求，例如，在项目 peer, diamond, critical 中，diamond 是目标词，peer, critical 与 diamond 这个目标词不符合上面所提到的任何单词规则。

程序：被试单独接受处理。在学习前，告知被试学习后会进行再认测试。在学习阶段，卡片按照单词规则组成一组，每个被试学习哪一组的顺序是随机的。详细说明每组单词的单词规则，然后开始学习本组 20 个单词。按照这样的方法学完 5 组，共 100 个单词。在计时方式条件下，每个项目被试学习 4 秒钟。在自我控制条件下，被试在做出产生或阅读反应后，立即进行下一个单词的学习。

学习后，马上要求被试进行再认测试。要求被试指出他们学习过的单词，并在 5 点量表上（1 表示没有信心，5 表示非常有信心）评价自己作答的信心。

三、相关知识点

根据对实验收集的两个因变量指标的统计，实验得到符合预期的结果：无论在什么单词规则下，产生条件下的回忆成绩显著优于阅读条件；无论在什么单词规则下，产生条件下被试对回忆的信心显著强于阅读条件（见图 3.1）。

产生条件与阅读条件下的记忆成绩有显著差异，$F_{(1, 20)} = 9.68$，$MSE = 0.07$；

计时方式与自我控制条件下的记忆成绩分别为 0.75，0.79，没有显著差异（F < 1），与学习条件变量也没有交互作用；单词规则的主效应显著，$F_{(4, 80)} = 5.28$，$MSE = 0.01$，且只有押韵条件与其他调节差异显著，与学习方式变量交互作用不显著，$F_{(4, 80)} = 2.09$，$MSE = 0.01$。

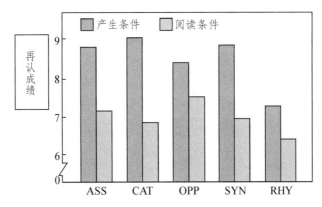

图 3.1　每种单词规则下产生条件与阅读条件的再认成绩
（ASS = 意义联系；CAT = 分类；OPP = 反义；SYN = 同义；RHY = 押韵）

图 3.2 反映正确再认单词的信心情况。统计检验结果与再认成绩的结果相同。产生条件与阅读条件的主效应显著，$F_{(1, 20)} = 6.92$，$MSE = 1.04$；计时方式与自我控制条件下没有显著差异，$F < 1$，与学习条件的交互作用不显著；规则的主效应显著，$F_{(4, 80)} = 9.87$，$MSE = 0.16$，与学习条件的交互作用不显著，$F_{(4, 80)} = 1.52$，$MSE = 0.16$。

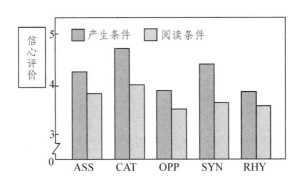

图 3.2　每种单词规则下产生条件与阅读条件的信心评价
（ASS = 意义联系；CAT = 分类；OPP = 反义；SYN = 同义；RHY = 押韵）

斯拉麦克等人对产生效应进行了一系列实验研究，这是系列研究中的第一个实验。所有这些研究证明了产生效应不受回忆任务（线索再认、非线索再认、自由回忆、线索回忆）、单词规则、测试中的呈现方式（计时方式、自我控制）、测试信息是否呈现、被试设计方式（被试内、被试间）等因素的影响，可见，这种效应具有普遍性。

四、实验结论

记忆的"产生作用"，被试在产生条件（即自己说出某个单词）下比被动地看这个单词的回忆效果要好；产生条件下被试对回忆的信心显著强于阅读条件。

五、实验启示

解决"打开书什么都知道，合上书什么都不知道"这一问题的办法就是口头表述。复习时，先将重点问题归纳起来，然后合上书本，一个问题一个问题地用口语加以讲述。如复习"戊戌变法"相关内容时，可合上书后，将背景、时间、内容、过程、结果及其意义分别用口语讲述；然后打开书对照，看哪些讲错了，漏讲了；继续合上书口头讲述，如此反复几遍，则印象很深，记得很牢。默想时，思维容易跳跃，觉得大体知道，实际上有的细节掌握得并不牢固。口述非要一字一句说出来才行，避免了思维过程中的"偷懒"现象；自己一边说、一边听，形成信息反馈。口述还能提高语言文字的组织能力，解决理科学习中看题头头是道、做题不知所措的问题。

"产生效应"是在记忆的过程中的"做中学"，是促进记忆主体更投入、更努力的结果。

实验四　记忆中的自我中心主义——罗杰斯等人的自我参照效应实验

一、实验简介

自我参照效应指记忆材料与自我相联系时的记忆效果显著优于其他编码条件。自我对记忆的促进作用存在多种理论解释，最主要的有：精细加工说、组织加工说以及双过程说。自我参照效应的研究为应用脑功能成像技术对自我进行脑定位提供了一个新的视角，为情节记忆的 HERA 模型提供了有力的证据。目前，自我参照效应的研究同文化差异研究相结合，成为一个新的研究趋势。

自我是一个独特的结构，具有独特的动机和情感上的含义。在心理学史上，自弗洛伊德开始，自我一直受到心理学家的重视，成为解释临床和社会心理现象的核心概念之一。自我不单对情绪的产生和动机的发动起重要的作用，它还是个人信息的组织者和加工过程的一部分，对认知有直接影响。1977 年，罗杰斯（Rogers）等人发现，记忆材料与自我相联系时的记忆成绩比其他编码条件好。他们把这种现象称为"自我参照效应"（self-reference effect，简称 SRE）。此后，涌现了大量的验证性研究以及对其心理机制的研究，使自我参照效应的研究一度成为热点。最近几年，自我参照效应与脑功能成像技术相结合，在自我的脑定位研究方面取得了新进展。而最近的研究发现文化对自我参照效应有重要的影响。

1. 经典 SRE 研究范式

自我参照效应的经典研究范式与传统的记忆加工层次研究范式类似。一般分为学习和记忆两个阶段，或者在两个阶段之间加入干扰任务。罗杰斯（Rogers）等人最初的研究范式是选用 40 个人格形容词为实验材料，被试分成结构组、韵律组、同义词组和自我参照组（简称"自我组"），分别给每组被试呈现相应的问题，引导被试进行相应的加工。最后，被试进行自由回忆。结果表明，自我组的记忆成绩优于包括语义加工在内的其他 3 种编码条件，即出现了自我参照效应。

继罗杰斯（Rogers）等人的研究之后，大量的研究对自我参照效应的存在进行了验证。这些研究所采用的范式与罗杰斯（Rogers）等人最初的范式不完全相同，因此不但在更广的范围内证实了自我参照效应的存在，同时也丰富和发展了 SRE 的经典研究范式。主要表现在以下三个方面：第一，自我参照任务的对照任务除语音、语义加工外，加入他人参照任务。他人参照任务是指将记忆材料与他人（如公众人物、名人、被试的亲属等）相联系的编码方式，如下列单词适合描述克林顿吗？第二，自我参照和他人参照任务的形式除前述的描述判断任务外，还有自传回忆任务（如下列单词是否让你回忆起了关于你自己的重大事件？）以及将自我/他人与名词相联系（如"医生"是否是你/他人曾经向往的职业？）等。第三，测验任务除自由回忆外，增加了线索回忆和再认等多种形式。

2. 实验范式

有些研究发现，当测验任务是再认时，自我参照效应往往不明显。Conway 等人针对此问题进行了实验。他们将被试分成 3 组，对 40 个人格形容词分别进行自我参照、他人参照（参照人 John Major，当时的英国首相），以及社会赞许度判断（判断呈现的单词是褒义还是贬义），判断在 5 点量表上进行。1 小时后让被试进行再认，对被试回答"学过"的项目，还要进一步进行 R、K 判断。如果被试真正清楚地记得这些项目，能回忆起单词呈现时的细节就做 R 反应（即 remember）；相反，如果仅仅知道项目是先前呈现过的，并不记得呈现时的细节，或者仅仅是凭熟悉感进行再认，则作 K 反应（即 knowing）。实验结果发现，3 组被试的整体正确再认率没有显著差别，但自我参照组的 R 反应成绩显著高于另外两组，出现自我参照效应。这是因为 R 反应具有情节记忆的性质，伴有自我觉知意识；K 反应与语义记忆类似，伴随的是"知道感"。可见，以"记住"为特征的再认（R 反应）含有自我指向的成分，而基于"知道感"的再认（K 反应）几乎没有自我指向成分。因此，自我对记忆的影响只有在 R 反应中才能得到体现。简单再认成绩将两种不同性质的记忆相混淆，不能敏感地反映自我参照效应。因此"R/K"范式比以简单再认为测验任务的经典范式更适合自我参照效应的研究。

二、相关知识点

1．精细加工说

精细加工是指对单个词的项目特异性加工，这种加工不依赖于对系列中其他词的加工，而是在该词与记忆中早已存在的信息或结构之间建立多重联系，"医生"一词可以联系到"医生在医院工作，医生穿白大褂"等。按照精细加工说的观点，自我参照之所以能提高记忆是因为自我是一个高度精细化的结构，一旦被激活，能在记忆材料和早已存储在自我结构中的其他信息建立联系。这些联系能够为随后的回忆提供多种通道，从而促进记忆。

精细加工任务受练习因素的影响，经常练习的任务对被试来说更容易，可以引起较好的记忆效果。Cynthia S Symous 等人对 129 个相关实验进行元分析，发现记忆材料是名词时产生的自我参照效应比人格形容词时要小。这是因为，在日常生活中，经常进行人格形容词的自我指向性加工，而对名词的自我指向性加工较少，导致自我参照任务对名词加工的效果较差。

同时，分析结果表明，在对照任务是他人参照而且参照对象与被试的亲密度高时（如被试的母亲），其产生的记忆效果接近自我参照，因为对亲密度高的参照对象的记忆表征更精细和丰富。总之，能提高对精细加工任务（如参照母亲）的记忆，就会缩小与自我参照任务间的差距。因此，可以把自我参照促进记忆的原因解释为精细加工作用。

2．组织加工说

另外一些研究者认为，自我参照提高记忆的机制在于组织作用。组织是指根据一定的语义标准将许多单词"捆绑"在一起，也就是对一系列单词之间关系的编码加工，包括词与词之间的直接联系以及同属于一个范畴的词之间的间接联系。如"音乐"和"跳舞"之间既有直接的联系，也有因同属于"舞会"这一范畴而产生的间接联系。对一系列单词间的组织加工能够在两方面强化记忆：（1）由于该过程在编码时支持项目间的联系，因此能够为提取过程建立相互联系的通道。（2）由于范畴的名称也进行了编码，因此，提取时范畴名称能起线索作用。自我参照可以把所有记忆材料归类到不同范畴中去，如把人格形容词归为适合描写自己和不适合描写自己两种，从而能促进对系列单词之间相互关系的加工。

Klein 等人进行过一系列实验,在实验一中发现自我参照条件下的回忆结果比其他两种语义编码条件有更多群集效应产生，初步证实了组织作用。进一步的实验主要考查组织因素（无组织条件—有组织条件）和任务类型（语义任务—自我参照任务）两种因素对记忆的影响。实验结果发现，只有组织因素的主效应显著；若控制组织因素，自我参照与语义编码条件的记忆效果相同。这说明，只要提高语义任务的组织作用，就能达到与自我参照相同的记忆效果，这些结果证实了自我参照促进记忆的机理在于组织作用。但由于语义任务本身就是一种精细加工任务，因此，上述研究不能排除自我参照任务，同时也提高了记忆的精细加工水平，因此有研究者提出双过程说。

3. 双过程说

持双过程观点的研究者认为，自我参照任务能提高记忆的机制既包括精细加工因素，也有组织作用的参与。

Einstein 等人给被试设计了 3 类实验任务：精细加工、组织和自我参照任务。其中，精细加工任务是让被试给出呈现单词的定义，然后在 5 点量表上表示出下定义的难度；组织加工任务是要求被试把所呈现的单词划分到给定的 5 种类别中去；自我参照任务是首先呈现单词，然后让被试回答呈现单词是否引起了对个人事件的重要回忆。上述 3 种任务中每种任务使用的词单又分有关联（所有单词间有明显的相互联系，分属几个范畴）和无关联（单词间没有明显的相互关系）两种，这样一共有 6 种实验条件。实验者假设当一系列单词间有明显的相互联系时，对该系列单词的组织加工是自动的，只有促精细编码的任务有助于对该系列单词的记忆；如果单词间没有明确联系，那么对该系列单词的精细编码加工将是自动的，只有能提高组织的任务才才会促进记忆。学习结束后插入 3 分钟的干扰任务，然后进行自由回忆。结果表明：在单词间无明显联系时，自我参照任务和归类任务产生的记忆成绩同样好，都优于定义产生任务，说明自我参照任务能提高记忆组织；而在单词有明确联系时，自我参照任务与定义产生任务的作用是类似的，都优于组织任务，说明自我参照能促进精细加工。由此可见，自我参照作用机制必须用组织加工和精细编码双过程来解释。

总之，双过程说比上述两种单一机制的说法都更有说服力，因此得到研究者的普遍认同。

三、实验结论

自我参照效应——当人们将需要记忆的信息和自己相联系时，就能够回忆出更多的信息。

四、实验启示

在奥苏贝尔的意义学习（强调对材料的内在逻辑的理解）的基础上，自我参照效应实验向前推进了一步，能判断这个材料的意义与自身是否存在某种联系。这种联系把对个体更加有意义的加工与一般意义上的语义加工区分开来。

教师要善于利用学生自身的经历帮助学生理解知识。在教学中，教师不仅要按照意义学习的要求，把教学内容按照内在逻辑，完整有序地呈现给学生，而且要注意教学内容与学生实际生活的联系。自我参照效应实验告诉我们，个体对自己亲身经历过的事情记忆效果最好。

实验五　共同要素的迁移——桑代克等人的学习迁移实验

一、实验简介

相同要素是桑代克于 20 世纪初提出的一种学习迁移说。认为只有在原先的学习情境与新的学习情境有相同要素时，原先的学习才有可能迁移到新的学习中去，而且迁移的程度取决于这两种情境相同要素的多少。也就是说，相同要素越多，迁移的程度越高；相同要素越少，迁移的程度越低。

这种理论是建立在桑代克与伍德沃斯在 1901 年从事的一项名为"形状知觉"实验研究基础上的。

在实验中，桑代克训练大学生判断大小和形状不同的纸张的面积。首先，让被试估计 127 张长方形、三角形、圆形和不规则图形的面积。这一事先测验旨在了解被试判断面积的一般能力。然后，让被试估计种种大小不同平行四边形面积（$10cm^2 \sim 100\ cm^2$），直到获得很大的进步。接着，把被试分成两组：要第一组被试判断 13 个类似于前面训练过的平行四边形的长方形的面积；要第二组被试判断 27 个三角形、圆形和不规则图形的面积。结果表明：受过平行四边形面积的训练，有助于学生更好地判断长方形的面积，而对估计三角形、圆形和不规则图形的面积没什么帮助。桑代克的结论是：如果在两种学习情境之间要有任何正迁移的话，那么这两种情境必须是非常相似的。

桑代克等人还通过对知觉、注意、记忆和运动动作等方面所进行的一系列的迁移实验来检验形式训练说，结果发现，经过训练的某一官能并不能自动地迁移到其他方面，再次证实了只有当两种情境中有相同要素时才能产生迁移。

后来，这一理论被伍德沃斯修改为共同成分说。意思是，只有当学习情境和迁移测验情境存在共同成分时，一种学习才能影响（即产生迁移）到另一种学习。

二、相关知识点

桑代克的相同要素说是直接与形式训练说相抗衡的。在桑代克看来，如果由于一种学习活动而使另一种学习活动较容易些，那仅仅是因为这两种活动有某种重叠。学习始终是具体的，而非一般的；倘若看上去好像是一般的，那是由于新的情境包括了原来学习情景中的许多要素。换言之，只存在特殊的迁移，不存在一般的迁移。从一种学习情境迁移到另一种学习情境中去的程度，取决于两种情境中的共同要素。这些都是对形式训练说的否定，也使迁移的研究有所深入。

但桑代克所提出的共同要素只是指元素间一对一的对应，根据这种说法，没有相同要素或者相同成分的过程之间，两个完全不相似的刺激与反应的联结之间，就不可能产生迁移，这样，学习迁移的范围就会大为缩小。这种只是把迁移视为相同联结的转移，在某种程度上否认了迁移过程中的复杂的认知活动，也是共同要素说的局限所在。

三、实验启示

桑代克认为，迁移需要两者之间存在共同的要素，包括学习过程中的各个方面，如学习内容、习惯、态度、方法等，它们都是学习迁移产生的原因。学习迁移是被试将先前学习中掌握的一般性原理运用到后继行为中去的结果。学生应注意发现概念、原理的相同、相通之处，为迁移提供桥梁；夯实基础知识，为迁移提供坚实的固定点；重视方法的训练，提高自身抽象概括能力。

实验六 认知技能的迁移——安德森产生式迁移实验

一、实验简介

安德森的产生式理论是一种经典的现代迁移理论，比较抽象。

（一）产生式迁移理论

代表人物：安德森（提出）、辛格莱、加特纳、吉克
理论观点：强调认知结构在迁移中的作用。
以安德森等人为代表。他们认为，如果两种情境中有产生式的交叉或重叠，则可以产生迁移。产生式是认知的基本成分，由一个或多个条件—动作配对构成。
以加特纳、吉克等人为代表。他们认为前后两种情境中的结构特征、内在关系与联系等本质特性是决定迁移的关键成分，而表面的特征则无关紧要。若前后两种情境的结构特征相匹配或相同，则产生迁移。

（二）产生式迁移实验

1．实验背景

现代认知心理学的兴起对学习迁移的研究产生了一定影响，学习理论家用认知的观点深入探讨了迁移产生的条件、原因、影响因素，试图了解迁移过程的内在机制。

首先，对迁移种类进行了重新划分，将迁移分为四种类型：程序性知识向程序性知识的迁移、程序性知识向陈述性知识的迁移、陈述性知识向程序性知识的迁移、陈述性知识向陈述性知识的迁移。

其次，迁移研究深入到学习者的认知结构和认知过程。

再次，现代认知心理学家在研究迁移时仍遵循相似原则，但扩充了它的内涵，把相似性由原来的具体内容的相似扩展到产生式及问题空间的相似，从而扩大了迁移研究的范围。

最后，迁移研究的热点转变为认知策略和元认知的迁移。

2．理论假设

安德森认为，前后两项学习任务产生迁移的原因是两项任务之间产生式的重叠，重叠越多，迁移量越大。两项任务之间的迁移，是随其共有的产生式的多少而变化的。所谓产生式，就是有关条件和行动的规则，简称"C-A规则"。

因此，如果被试先后进行不同类型的计算机文本编辑，且前后两种文本编辑的动作越相似，重叠的产生式越多，迁移效果越好。

3．实验过程

实验中的被试为打字熟练的秘书人员，他们能理解文本编辑的含义。将被试分为三组：

A组在学习编辑程序（被称为"EMACS编辑器"）之前先根据已经做好标记的文本练习打字（打字与EMACS编辑器的操作的产生式重叠较少）。

B组先练习一种编辑程序，后学习EMACS编辑器

C组为控制组，从第一天起至最后一天（即第6天）一直学习EMACS编辑器。

学习成绩以每次尝试按键数量为指标，因为被试按键越多，说明他们出现错误需要重新按键数越多（因被试打字熟练，其错误不可能是打字造成的）。错误的下降说明掌握文本编辑技能水平的提高。

二、实验结论

控制组每天学习3小时EMACS编辑器，前四天成绩进步显著，至第五和第六天维持在相对稳定的水平。

A 组先练习打字，共 4 天，每天 3 小时，第五和第六天学习 EMACS 编辑器的成绩同控制组第一和第二天的成绩相似，打字对编辑学习未产生迁移

B 组前四天学习一种文本编辑程序，每天练习 3 小时，在第五和第六天学习 EMACS 编辑器时，成绩明显好于 A 组。这说明第一种文本的练习对第二种文本的学习产生了显著的迁移。

安德森认为，在打字和文本编辑器之间没有共同的产生式规则，而在两种编辑程序之间却存在很多相同的产生式规则，所以 A 组与 B 组的迁移效果存在巨大差异。

总结：

（1）产生式理论主要针对的是认知技能的迁移。

（2）产生式理论仍遵循相似原则，但扩充了它的内涵，把相似性由原来的具体内容的相似扩展到产生式。当产生式规则作为两项学习任务之间的共同元素时，桑代克的共同元素说便符合了现代认知心理学的原理。

（3）达到自动化水平的产生式规则具有中间环节减少、意识控制程度降低和不易受外界干扰的特点。如果两种学习任务的产生式的交叉或重叠越多，这种共通的产生式规则就为另一种任务提供了传输工具，越有利于节省认知资源，促进问题的解决。

三、相关知识点

产生式是指有关条件和行动的规则，简称"C-A 规则"。前后两项学习任务产生迁移的原因是两项任务之间产生式的重叠，重叠越多，迁移量越大。产生式迁移理论的研究停留于计算机模拟阶段。

四、实验启示

认知技能也称"智力技能"或"心智技能"，指借助于内部言语在头脑中进行的动作方式或智力活动方式，包括感知、记忆、想象和思维，但以抽象思维因素为其主要成分，所以有时也叫"思维技能"，如阅读、写作、运算和解题等。

教师在课堂教学中可以有意帮助学生形成自动化的产生式规则。即有什么条件就采取相应的方法解决问题。在学习之后，再提供相似的练习，将相关产生式规则自动化。在以后遇到新的问题情境时，可以运用自动化的产生式规则，实现认知技能的迁移。

实验七　通过评价促进迁移——加泰勒的认知策略迁移实验

一、实验简介

早期的策略迁移研究显示，尽管向儿童传授的认知策略对解决相关问题非常有效，但是儿童在面临新的任务或情境时，仍无法有效地将策略迁移到新任务中去。因此，他们认为让儿童学习单纯的认知策略，如记忆方法、分析方法等，对儿童能力提高的促进作用似乎很不明显。

对此，美国心理学家加泰勒（Elizabeth Schwenn Ghatala）等人提出了不同的观点。他们认为，若要让儿童有效地掌握认知策略并能进行迁移，必须让他们了解到该策略对于解决问题的作用，了解该策略能够提高他们的行为能力。他们还认为，儿童能够通过评价策略行为与任务结果之间的关系来理解认知策略的价值所在。他们在 1985 年对儿童认知策略的迁移进行了实验研究。

1．实验目的

检验自我评价对认知策略迁移的作用。

2．实验过程

实验中的被试为小学二年级学生。加泰勒、罗迪克（Lodico）、勒温（Levin）、布莱斯雷（Pressley）和贝尔（Bell）等人共同主持了实验。研究的目的在于考察自我评价对策略迁移的影响。所教的策略是精细加工策略。研究中呈现配对名词，要求儿童尽可能记住并准备回忆学过的词。在正式实验前，研究者对被试儿童进行三种不同的自我评价训练。其中三分之一的儿童为策略—用途组，接受策略有效性评价训练。方法是反思自己使用或未使用某一策略是怎样影响回忆结果的。要求儿童徒手和用圆规各画一个圆，继而问：用哪种方法画的圆更好？下次再画圆，你会选择哪种方法？另三分之一的儿童为策略—情感组，要求他们评价使用某一策略是否感到"开心"。同样要求他们在两种情况下画圆后，问：哪一种方法更"开心"？最后三分之一儿童为控制组，不接受任何评价训练。正式实验分三个阶段进行：

第一阶段，研究者不教任何记忆策略，让儿童自行记忆配对名词并进行回忆测验，目的是确定儿童的基线水平。

第二阶段，将被试分成两个组。其中一组学习精细加工策略；另一组采用数名词中的字母数的策略帮助记忆。显然前一种策略的记忆效果好，后一种策略的记忆效果差。

第三阶段，所有儿童接受相同的指导语，可以选择自己所希望的任何方法来记忆呈现的材料。学完以后要求回忆学过的材料。

为了测量儿童在第三阶段是否继续使用先前习得的策略，研究者问儿童在学习每一配对名词时用了什么策略和为什么选择该策略，以确定他们是否意识到策略的用途。而且，把前两次学习的配对词再呈现给儿童，问他们什么时候记得多和为什么会记得多，进一步确定儿童对策略作用的意识程度。

二、相关知识点

若要让儿童有效地掌握认知策略并能进行迁移，必须让他们了解该策略对于解决问题的作用，儿童能够通过评价策略行为与任务结果之间的关系来理解认知策略的价值所在。

三、实验结论

（1）在实验第二阶段，学习了精细加工策略的儿童，回忆成绩普遍高于采用数字母策略的儿童。到实验的第三阶段，虽然未要求采用精细加工策略，但在第二阶段接受精细加工策略训练的儿童继续采用这一策略，其回忆成绩仍然很好。但是接受数字母策略训练的儿童，在第三阶段放弃了这一策略，而又未学习精细加工策略，所以记忆成绩普遍较差。

（2）三种不同策略评价方式（策略—用途评价、策略—情感评价和无评价）对直接回忆或近迁移成绩未产生明显影响。

（3）为了考察儿童对策略—用途进行评价是否产生长远影响，在第三阶段研究之后，又对儿童进行追踪研究。儿童对他们为什么选择某一策略的回答表明，受到策略—用途评价训练的儿童更倾向于解释选择某策略的原因是为了提高记忆效率。

（4）在实验结束后的第一周和第九周分别用新的配对词对被试进行两次延后测验。结果表明，策略—用途组的成绩明显优于策略—情感组。在第一周测验时，前者有 90% 的儿童在新的学习材料中运用精细加工策略，后者仅有 57% 的儿童；在第二次延后测验中，前者运用精细加工策略的人数为 100%，后者只有 50%。这个结果表明：经过策略的有效性自我评价训练的儿童，能长期运用训练过的策略，并能迁移到类似的情境中，而在其他训练条件下，策略训练仅有短期效果。

四、实验启示

现代教育以促进学生的终生发展为主旨，让学生成为自己学习的建构者，除了概念、原理的迁移外，学习方法或学习策略（一种认知策略）的迁移是重要方面。

（1）让学生对使用的学习策略有明确的认知。任何迁移的实现都是以学生原有认知结构为学习背景，借助于一定的思维活动，来理解新知识和解决新问题。教师应引导学生充分认识学习策略的异同，增强学习策略的认知清晰性，促进学习正迁移的实现；运用学习策略把教材中的知识体系与其他学科知识和社会生活中的知识，纳入自己的认知结构中去，提高学习能力。

（2）运用精细加工策略，强化迁移的能力。所谓精细加工策略，就是为了更好地理解和记住正在学习的东西而做的意义的充实、添加、构建，是将新知识与已有的知识联系起来的策略，包括人为联想策略和内在联系策略。如"先行组织者"可促进学生的学习和保持。在课堂上，经常引用精细加工实例，引导学生通过模仿逐步学会并进行训练。

（3）学生要对认知策略的作用进行自我评价并形成习惯。教师可以丰富作业批改方式，或学生自己对作业或试卷进行研究，强化自我评价的意识，实现策略迁移。

（4）激励学生的内在学习动力，使其养成良好的学习行为习惯，并不断检查和调整自己的学习行为，形成自我反思、自我调整的有效机制，进而主动地为自己规划自我学习和成长的历程。

实验八　习惯的危害——陆钦斯的心理定势实验

一、实验简介

心理定势是指心理活动的一种准备状态，它影响解决问题时的倾向性。

1．实验目的

验证问题解决的心理定势效应。

2．实验材料与仪器

印制清晰的陆钦斯量水问题的题单（见表3.1），指导学生用给予的水罐 A、B、C量出一定的水量。

3．实验步骤

在题单上写上自己的名字，再仔细阅读题单。这张表的第 2 列是给予的水罐 A、B、C，它们的大小见这列的数据。用这三个水罐量出该表第三列所要求的水量。表的第一列是解题的顺序，按此顺序把计算过程写在表的第四列的相应地方。做得越快越好。

表 3.1　定势对问题解决影响的实验材料表

问题的序数	给予的水罐（毫升）			要量得的水量 （毫升）	列出算式
	A	B	C		
1	21	127	3	100	
2	14	163	25	99	
3	18	43	10	5	
4	9	42	6	21	
5	20	59	4	31	
6	23	49	3	20	
7	15	39	3	18	
8	28	59	3	25	
9	18	48	4	22	

二、相关知识点

定势又称"心向"，是指主体对一定活动预选的特殊准备状态。具体地说，人们当前的活动常受前面曾从事活动的影响，倾向于带有前面活动的特点。

定势有积极的意义：心理学家迈尔于 1930 年研究过定势在解决问题中的作用。在他的实验里，对部分参加试验者利用指导语给以指向性暗示，对另一些参加者则不给指向性暗示。结果，前者绝大多数被试能解决问题，而后者则几乎没有一个能解决问题。

心理定势指对某一特定活动的准备状态，它可以使我们在从事某些活动时能够相当熟练，甚至达到自动化，可以节省很多时间和精力，但是心理定势的存在也会束缚我们的思维，使我们只用常规方法去解决问题，而不求用其他"捷径"突破，因而也会给解决问题带来一些消极影响。不仅在思考和解决问题时会出现定势效应，在认识他人、与人交往的过程中也会受心理定势的影响。

不仅在思考和解决问题时会出现定势效应，在认识他人、与人交往过程中人们也会受心理定势的影响。心理学家曾做过一个关于"心理定势"的实验：研究者给参加实验的两组大学生看同样一张照片，但在出示照片前，对第一组学生说"这个人是一个怙恶不悛的罪犯"，对第二组的学生却说"这个人是一位伟大的科学家"，然后他让两组学生各自用文字描述照片上这个人的相貌。第一组学生的描述是："深陷的双眼表明他内心充满仇恨，突出的下巴证明他沿着犯罪道路顽固到底的决心……"第二组学生的描述是："深陷的双眼表明此人思想的深度，突出的下巴表明此人在认识道路上克服困难的意志……"

三、实验结论

根据收回的题单计算出结果：97.62% 的人受定势影响；2.38% 的人未受定势影响。

在问题解决的定势效应中包含着知觉定势和反应定势，在计算表中的 9 个算式时，前 7 个都是 B-A-2C，因为定势效应，使我们产生了定性思维，自然而然地认为 8 和 9 两题的计算式子与前 7 题相同。但是，第 8 题直接用 A－C、第 9 题直接用 A＋C 就可以得到想要的水量。因为在解决前几个问题时产生了定势效应，导致大家在往后的问题中忽视了其他简单的解决问题的方法。

四、实验启示

心理定势能加快常规问题的解决，但在需要创造性解决方案时，劣势就体现出来了。打破心理定势的方法之一就是注重发散思维的培养。发散思维又称"辐射思维"，是指沿着不同的思维路径、思维角度，从不同的层面和不同的关系出发来思考问题，以求得解决问题的种种可能方法，并在此基础上优选出最佳解决问题的方法。吉尔福特创造性思维理论认为，创造力强的人其思维变通性较强。如何培养呢？如一题多解。

实验九　火柴盒是烛台——邓克尔的功能固着实验

功能固着指关注事物最常用的功能，而忽略其他的功能，本质上是心理定势的一种。

一、实验简介

让被试把三支点燃的蜡烛沿着与木板墙平行的方向固定在木板墙上。发给被试的材料是三支蜡烛、三个纸盒、几根火柴、几颗图钉。把发给第一组的所有材料分别装进三个纸盒里，而发给第二组的所有材料放在三个纸盒之外。结果第二组有 86% 的被试按时解决了问题，而第一组只有 41% 的被试按时解决了问题。为什么第一组被试的成绩不如第二组被试呢？原因在于第一组被试一开始就把纸盒的功能固定地看成装东西的容器，而没有看到纸盒还有当烛台用的功能，所以没能顺利解决问题。第二组被试一开始就没有把纸盒看成仅仅是装东西的容器,在解决实际问题中想到了当烛台用,所以顺利地解决了问题。

一个人看到一种惯常的功用或联系后，就很难看出它的其他用途：如果初次看到的功用越重要，也就越难看出它的其他用途，如此就很难产生创新思维，如吹风机只能吹干头发，却忘了也可以吹干湿衣服。

在一次课堂教学活动中，老师拿出一支蜡烛、一颗图钉、一盒火柴，要求学生利用这三个条件，把蜡烛点燃，固定在教室直立的墙壁上。全体学生思考了很久，无人想出解决这个问题的方法。

这是一个趣味实验，解决这个问题的方法很简单，只需用火柴把蜡烛点燃，然后用图钉把空火柴盒固定在墙上，再用蜡油把蜡烛粘在火柴盒上，这个问题就这么轻易地解决了。

大家之所以没能想出这一解决问题的方法，原因是他们在思考解决问题的过程中，只是把火柴盒看作是装火柴用的，而没想到它还可以用来固定蜡烛。"功能固着"现象使我们趋向于以习惯的方式运用物品，从而妨碍以新的方式去运用它来解决问题。

这里所反映的实际上就是一种功能固着心理。所谓功能固着心理，是指一个人看到一种惯常的事物功用或联系后，就很难看出其他新的功用和联系：如果初次看到功用或联系越重要，也就越难看出它的其他用途。

我们再以赫林和希尔的一个实验为例。让被试站在一间小房子的白线后面，把两个铁环放在垂直的木钉上。他可以在室内自由走动，运用任何物品帮助他解决此问题，但不许把铁环拾起来直接放在木钉上。房间里有两根木棒，单独用一根够不到铁环，两根木棒用绳子接起来就能顺利地解决问题。

对于一组被试，绳子挂在墙上的一颗钉子上，它没有固定的用途；这时被试很顺利地用这根绳子解决了问题。对于另一组被试，绳子也挂在那颗钉子上，但它用来挂日历或其他的东西；这时大多数被试没有发现绳子能用来解决问题。虽然他们都知道室内的任何物品均可用来解决问题，但绳子挂了日历，它的用途似乎"固定了"，因而就看不出它还能用来捆木棒。

类似的现象在日常生活和学习中会经常发生。功能固着是思维活动刻板化的反映。我们在日常生活中经常碰到，硬币好像只有一种用途，很少想到它还能用于导电；衣服好像也只有一种用途，很少想到它可用于扑灭烈火。

梅尔（F. Maier, 1933）演示了功能固着现象。被试进入一房间，内有两根绳子从天花板垂下，实验人员要求被试将两根绳子结起来（两绳长度可以联结）。室内另有一张桌子，桌上有榔头和钳子。被试可能试着一手握住一根绳，再去抓另一根绳，但是够不着，在此情况下被试应如何办呢？

研究表明，被试不易想到用榔头或钳子作为摆锤，通过绳子摆动，以便同时够到两根绳子。

这就表明了功能固着现象。从上述有关影响问题解决的因素及其研究的介绍可见，传统的问题解决研究大多在人为的条件下进行的，这些因素的影响的确存在，但不是最重要的因素。影响问题解决的最重要因素是个人的原有知识及其组织的性质。

二、相关知识点

功能固着心理现象产生的原因如下：

1．心理因素

为什么会产生功能固着这种心理现象呢？这是因为一个人在遇到新出现的问题时，总是容易用过去处理这类问题时的方式或经验来对待和解决新出的问题。如果在一切条件都没有发生变化情况下，运用已有的经验和方法会使问题得到迅速解决，提高工作和学习效率，但是如果在条件已经发生变化的情况下，仍然照搬过去的老办法，以固定的模式去应付多变的生活和学习，就会走许多弯路，使问题不能很好地解决。

2．行为习惯

一个人对某种物体的通常用途越熟悉，就越难发现这种物体在其他方面的新功能。例如：发卡是女同学用来卡头发的，所以有些人想不到它可以充当螺丝刀拧螺丝钉；尺子是用来测量物体长度的，有些人则想不到它还可以做教鞭和指挥棒；有些人手中有尺子则能测量物体的长度，没有尺子则完不成任务等，都是受物体的一般固定功能的限制而不能变化思考的结果。功能固着的消极影响是十分巨大的，因此我们一定要消除其消极影响。

消除功能固着的消极影响能消除一个人对物体用途方面的呆板、机械的认识，使其对物体的用途认识更丰富、更全面，使思维变得灵活和敏捷。

有一次，德国化学家李比希去英国考察，到一家工厂参观绘画颜料"柏林蓝"的配制过程。他见工人们先用药水煮动物的血和皮，调制成"柏林蓝"的原料，然后把原料溶液放在铁锅里再煮，并用铁棍长时间搅拌，边搅边把铁锅捣得咔咔响。李比希感到很奇怪，一个工头向他解释道："搅拌锅里的溶液时，一定要用铁棍搅，而且发出的声音越大，'柏林蓝'的质量越好。"

李比希笑道："不需要这样搅，只要在'柏林蓝'原料里加点含铁的化合物就行了。用铁棍使劲磨蹭，无非是把锅上的铁屑蹭下来，使它与原料化合成'柏林蓝'。这样虽然也行，但太浪费时间啦！"

三、实验启示

遇到问题能从不同的角度、不同的方面去考虑，使问题更加容易解决。对于培养我们的创造力有着特殊的意义，还可以增强一个人的自信心和探索新问题的勇气。那么，怎样才能消除功能固着的消极影响呢？

第一，遇到问题时能随机应变，多变换角度去思考问题，寻找答案，锻炼思维的灵活性。

第二，善于运用问题现场所提供的条件和物品，因地制宜地解决当前所面临的问题。

第三，在思考和解决问题的过程中，能够把有关的信息向各个方向、各个方面扩散，以此引出更多的信息，以多种设想，找出多项解决问题的方法，而且每个方案都切实可行。

第四，丰富自己解决实际问题的经验，因为解决问题是以知识和实际经验为前提的。这就要求我们不仅对周围事物的常规用途特别熟悉，而且对其他用途也十分清楚，只有这样才能在解决问题的过程中应付自如。

第五，我们既要有常规的解决问题的方法，又要养成勤于动脑和善于思考的好习惯。

一个人对某种物体的常规用途越熟悉，就越难发现这种物体在其他方面的新功能。启发个体去突破一个物体的常规用途，多进行非常规的功能的思考是培养创造性的有效途径之一。

实验十　专家为什么更擅长解决问题——蔡等人的专家与新手实验

一、实验简介

航空公司的一架客机出了故障，怎么也查不出故障的原因。航空公司老板请来一位高明的工程师，这位工程师经过分析研究，然后拿粉笔在机身上画了一个圆，并指示在此进行修理，飞机果然修好了。可大喜过望的航空公司老板在接到工程师的账单后大吃一惊，工程师的账单上写着 10 万美元。老板说："你就画一个圈，怎么能值 10 万美元？"工程师说："画一个圈收费 1 美元，而知道在哪里画圈收费 99999 美元。"

这位工程师拥有机械制造方面的专门知识，所以在解决飞机故障时比新手，以及那些拥有部分专门知识的人表现出更强的能力。为什么拥有专门知识的人能够顺利"轻松"地解决问题？专门知识的储备量是一个重要的因素，但是它没有从本质上揭示专家和新手的区别。心理学在全面分析专家与新手的区别的基础上，给出了更加深刻的解读，为如何提高问题解决的效率提供了一个全新的视角。

蔡（Michelene T. H. Chi）、格拉斯（Robert Glaser）、瑞斯（Ernest Rees）等人在 1982 年针对专家与新手在知识上的差异进行了一系列研究。前期的研究表明，专家与新手对问题的分类存在很大差异，差异的原因不在于不同技能水平的被试使用的"分类名称"不同，而在于他们进行问题归类时采用标准的概括水平不同，这就反映了专家与新手知识结构的差异。在当代心理学中，个体的知识结构也称为图式，图式中的知识结构具有不同的抽象水平，上级水平的图式可以包含下级水平的图式。下面要介绍的实验是在前面研究的基础上进行的，研究者欲进一步深入探讨不同知识技能水平个体的图式（知识的组织方式）差异，特别是图式抽象水平的差异。

（一）实验目的

探讨专家与新手在知识组织方式上的差异。

（二）实验过程

被试：共 16 名被试，包含了物理专业研究生（专家）、物理与化学专业大四学生（中级）与学过一学期的力学、电学、磁学的新生（新手）。

材料：采用了《物理学基础》第 5 章到第 12 章的 40 个问题。这些问题都是大学一年级物理学中最基本、最典型的问题。图 3.3 是其中两个问题：

问题 5（39）
问题 7（35）

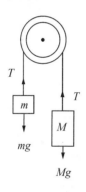
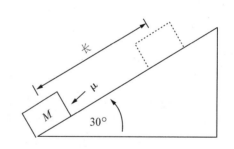

图 3.3　实验问题

程序：为了检验假设，研究采用了层次性分类任务。所谓"层次性分类任务"，就是根据不同抽象水平的标准对一些事物（本实验中是待解决的问题）进行分类。一般来说，标准的抽象水平越高，需要分的组就越少，每个组包含的事物数量就越多；标准的抽象水平越低，需要分的组就越多，每个组包含的事物数量就越少。实验中，被试首先要根据自己解决这些物理问题方法的相似性对这些问题进行分类；然后，把第一次分类中得到的问题分组根据解决方法的相似性划分成更细小的组，一直到认为不能再分解为止（即不断降低分类标准的抽象水平）。接着，被试要把第一次分类得到的分组根据解决方法的相似性进行合并，一直到认为不能再合并为止（即不断提高分类标准的抽象水平）。被试在进行每项任务时，需要说出自己进行分类的思路，这些思路将被详细记录，即采用出声思维法。

二、实验结论

专家和新手对问题的分类存在很大差异，差异在于进行问题归类时采取标准的概括水平不同。

三、实验启示

学生在学习知识时，应在积累知识的过程中实现知识的不断深化，最终达到专家水平"质的飞跃"。

（1）教师要注重教学内容的系统化，注重学生对学科基本结构的理解。学科基本结构指，学科基本概念、基本原理、基本态度与方法。领悟之间的逻辑联系与结构，有利于对知识的掌握和迁移。学生要将新知识与已有的知识体系建立尽可能多的联系。比如，用旧知识来解释新知识，或者看两者之间有什么"矛盾"。"一种事实在头脑中与其他事实建立的联系越多，它在我们记忆中保存得也就越好。每一个这样的联系，就犹如一个钓鱼钩把事实钩住，当这个事实要脱离记忆的时候，这个'鱼钩'就会将它勾起来。"

（2）在学习定理、公式时，既要知其然，还要知其所以然，这样可以加深理解。同时，不仅获得了知识，也掌握了获取知识的方法和途径。

实验十一　从相似处找答案——吉克和霍利约克的类比策略实验

我们已知的事物与未解决问题的相似之处可以帮助我们解决难题。著名生理学家哈维的经历可以给我们这方面的启迪：17 世纪以前的欧洲医学界盛行着一种理论，认为人的血液产生于肝脏，存在于静脉中，进入右心室后渗入左心室，经动脉遍布全身后，在体内完全消耗干净。这是公元 2 世纪罗马医学家盖仑提出来的。盖仑是罗马皇帝的御医，据说写过 78 本著作，他的理论保持了上千年的权威。后来，一位年轻的医学院学生在就学期间生病回家休养，母亲请来了民间医生为他治疗，当时欧洲医生治疗疾病的常用方法是"放血"。这位学生在多次接受放血治疗时，产生了这样一个问题：血液为什么能不停地流出来？它在体内是怎样流动的？这些问题伴随了他一生，成为他主要的研究内容。经过长期的观察与实验，他发现血管在心脏处张力加大，血液应该是在全身不断循环的。但是这些事实有着怎样的联系呢？问题的突破来自想象，他认为心脏好像一个 "水泵"，在"瓣阀"的控制下把血压提高，通过"泵"的搏动将血液打入动脉，从大动脉到小动脉，流到全身，然后由较小静脉流向较大静脉，最后流回心脏。这就是 17 世纪英国著名生理学家哈维创建"血液循环理论"的故事。他最具创造性的思想——把心脏想象成"水泵",在心理学问题解决研究中被称为"类比策略"。

"类比策略"是利用事物的相似性,发现解决问题的途径,是解决问题经常使用的一种策略。著名的哲学家培根曾经说过:"独创常常在于发现两个或者两个以上研究对象或设想之间的联系或相似之点。"哈维正是看到了心脏与水泵的相似之处,才能把诸多的科学事实联系起来,并创造性地提出"血液循环理论",实现科学研究的重大突破。类比策略问题的研究一直是问题解决领域重要的研究问题,并且取得了很多突破。吉克与霍利约克(Gick & Holyoak)在 1980 年进行的研究是一个典型的代表。

一、实验介绍

1. 实验目的

探讨类比策略在问题解决中的重要作用。

2. 实验过程

在他们的研究中使用的问题叫作辐射问题,它首先被邓克(Dunker,1945)使用,可以表述如下:假如你是医生,面对着一个胃内有恶性肿瘤的病人。肿瘤不切除,病人就会死去,但是又不能动手术。有一种辐射能摧毁肿瘤。如果辐射以足够高的强度立刻到达肿瘤,肿瘤就会被摧毁。但不幸的是,其他的健康组织也会被摧毁。而辐射强度较低时,射线对健康组织无害,但对肿瘤也就不起作用。那么,我们应该用什么类型的辐射去摧毁肿瘤,但同时又能避免伤害健康的组织呢?解决这个难题的思路有三个。一是避免放射线与健康组织接触。这种做法虽然保护了健康组织,但是操作上难以实现,因而不可取。二是降低健康组织的敏感性。这种做法仍不能实现治疗的目的。三是使放射线经过健康组织时强度减弱,当它到达癌细胞时再增加强度。这种做法不仅保护了健康组织,同时也能杀死癌细胞。参加实验的都是大学生。邓克的结果表明,40% 的被试选择了第一个思路,19% 的被试选择了第二个思路,只有 5% 的被试选择了第三个思路。在实验中,吉克和霍利约克研究了三种情况下被试对辐射问题的解决:在解决辐射问题之前,被试阅读过类似于《指挥官》的包含类比推理的故事(实验条件);没读过任何其他的故事(控制条件);或阅读过不相关的故事(控制条件)。然后比较了不同条件下被试的问题解决情况。在《指挥官》的故事中,一支坦克部队的指挥官要向敌军司令部发起攻击。如果使用很多坦克,他赢的机会就很大,但他的部队必须经过一个狭窄的、不牢固的、仅能通过少数坦克的桥;而如果使用少量的坦克发起袭击则易被敌方击退。为了取得胜利,这支坦克部队的指挥官制定了一个让坦克分别通过小桥,进而包围敌军司令部的计划。这样,所有坦克都能同时过桥攻击和占领敌军司令部。显然,这个故事中指挥官解决运输坦克难题与癌症问题有着某种相似性，而指挥官解决这个问题的方法对解决如何让放射线在不伤害健康组织的前提下杀死癌症细胞具有很强的启发性。可以预期在实验条件下，被试正确解决的概率会显著大于控制条件。

二、实验结论

结果他们发现，那些在解决辐射问题前没有阅读故事或阅读无关故事的被试中仅有大约 10% 使用了最有效的方法来解决问题，而解决辐射问题之前阅读过类比故事的被试中有大约 75% 在时间限度内使用"汇聚解决法"（不同方向发射射线）解决了辐射问题。这些实验的结果说明人们对问题的解决能从类比中受益。

三、实验启示

不论在一般的学生学习过程中，还是在伟大的科学研究中，类比策略都发挥着重大的作用。从学生学习与教师教学的角度来看，运用类比思维可以把陌生的对象和熟悉的对象进行类比，把未知的东西和已知的东西类比，可以启发思路、提供线索，帮助学生有效地学习知识、发展智力、培养能力，提高自身的素质。

1．有助于新旧知识的融合

类比法是一种推理方法，为了把要表达的问题说清楚，往往用具体的、有形的、人们所熟知的事物来类比要说明的那些抽象的、无形的、陌生的事物，通过借助于一个比较熟悉的对象的某些特征，去理解和掌握另一个有相似性的新对象的某些特征。例如，在研究通电螺线管的磁场的实验中，为准确记忆通电螺线管的北极与电流方向的关系，把紧握的右拳头类比为螺线管，将四指类比为线圈并指向电流的方向，大拇指所指的一端为北极，这样形象、直观的教学使学生很容易就理解、记忆了所学的知识。

2．有助于提高课堂教学与学生学习效率

在平常的学习中，学生往往会觉得一些知识看得懂，也听得懂，但做起题来就是容易出错。究其原因，学生缺乏知识的系统化，所学的知识是零散的，没有融会贯通，所以学习效果并不好。要解决这种"一看就懂，一做就错"的问题，教师就要在平时的课堂教学中，有意识地运用类比方法，让学生的知识成为一个有机的整体。有经验的物理教师不难发现，在物理知识中有很多内容具有相似性，具有相同的物理规律，所以，解决问题的思路、处理问题的方法与手段也是一致的。例如，物体在重力场中的运动与带电粒子在匀场电场中的运动相比较可知它们之间只是物体的加速度不同，但它们之间有一个共同的特点，即当匀场电场一旦确定，它们各自的加速度都保持不变；将垂直磁场方向的带电粒子在匀场磁场中的运动与物体做匀速圆周运动比较可知带电粒子在磁场中做匀速圆周运动，洛伦兹力提供向心力，其运动规律与圆周运动相同。进行这样的类比之后，抽象晦涩的电磁运动就和直观的一般物理运动一样变得清晰，只要前面的学习基础扎实，电磁运动的问题就会迎刃而解。

3．有助于培养与提高学生的创新能力

在教学中，应尽量为学生提供多种相似情境的机会，指导他们逐步形成运用类比推理寻找相似性的思维方法，即培养学生的类比思维。这样的教学有助于培养学生的创新能力。教师在教学中不仅要在本学科内进行类比，还要跨学科进行类比，这样会极大地开阔学生的视野。

第四章　变态心理学典型实验案例

实验一　动机冲突也是应激源吗？——陶特曼"认知失调、心理应激与病毒诱发感冒"实验

一、实验介绍

有时候，我们同时有几个目标，就会为做选择而感到痛苦，这就是所谓的动机冲突。常见的动机冲突有：双趋冲突，即两个目标对个人具有相同的吸引力，二者必选其一。例如有的人既想减肥，但又抵挡不住美味的诱惑。双避冲突，即两个威胁或厌恶的事物，但必须接受一个，才能避免另一个，类似于"前怕狼，后怕虎"的左右为难状态。如一个人牙疼得很厉害，但他又害怕去医院看牙，就必须在忍受牙疼和去医院看牙之间做出选择。趋避冲突，即对单一的事物一方面是好而趋之，一方面又恶而避之，如既想吸烟又想戒烟。那么，动机冲突也是应激源吗？会使人产生应激反应吗？

陶特曼（Richard Totman）是英国牛津大学的心理学家，他和同事设计了一个感冒病毒接种实验模型，即让志愿者被试先暴露于感冒病毒，然后制造一个动机冲突的情境，观测和评估动机冲突是否会对感染病毒及发展成真正的感冒产生影响。陶特曼（Richard Totman）的实验旨在验证动机冲突是否会导致心理应激产生。通过广告招募了48名志愿者，所有被试自我报告没有慢性或急性疾病，没有服用常规药物。经医学检查和感冒病毒检测，被试身体健康，没有感染感冒病毒，也没有感冒症状。所有被试都同意接受病毒暴露。随机安排24名被试进入实验组，另24名被试则进入对照组。所有被试都接受含有2种感冒病毒（鼻病毒）的鼻滴液，即把含病毒的溶液滴入鼻腔。紧接着,实验组的被试要选择是否服用一种试验性的抗病毒药丸(其实是一种安慰剂)，并被告之，如果服用了这个药丸，那么在实验结束的时候就要通过一根胃导管获取胃酸样本，实验组的被试均做出选择。对照组的被试不需要做这样的选择，也不需要服用抗病毒药丸。然后，所有的被试都被隔离，每天进行病毒感染和感冒症状的监测。

结果两组被试在病毒感染上没有差异，但是，实验组被试在感冒症状上远比对照组被试严重，两者具有显著性差异。由此得出结论：动机冲突会导致心理应激产生。

二、相关知识

加拿大著名生理学家塞里（H. Selye）于1956年提出"应激"这一术语，认为应激是有机体在遭受到各种有害刺激侵袭时所发生的非特异性的生理和生化方面的反应。他将引起应激的刺激称作"应激源"，并提出了应激的一般适应综合征模型，即应激包括警觉期、抵抗期和衰竭期3个阶段，当发展至衰竭时，机体便会被自身的防御力量所损害，结果就会导致疾病的发生甚至死亡。目前在应激研究领域颇受推崇的是美国加州大学伯克利分校著名的应激问题研究专家拉扎勒斯（R. S. Lazarus）于1976年提出的心理应激理论。拉扎勒斯（R. S. Lazarus）认为应激是以认知评价为核心的个体与环境的交互作用过程，在这个过程中，如果个体把环境事件评价为有害的、有威胁或有挑战性的，就会损耗个体的适应性资源，导致个体的身心紧张状态。在他看来，应激既不是环境刺激，也不仅仅是一种反应，而是当所遇到的事件和所担负的责任超过了人的应对能力的范围而产生的身心紧张状态，应激的本质就是个体对内外环境的需求的适应。根据心理应激理论，引起应激的刺激（即应激源）既可能来自外部环境，包括社会环境、自然环境和文化环境，也可能来自内部环境，如心理冲突、躯体疾病等；应激反应包括生理、心理和行为三个方面，而且在多数情况下这三者是并存的。认知评价在应激的产生中具有重要的中介作用，因此应激是有机体通过认知评价确定在生理或心理上受到威胁时出现的一种带有适应性的身心紧张状态。

三、实验启示

上述实验结果表明，实验组的被试由于需要选择是否服用抗病毒药丸，如果用了，也许就不会感冒，但是一旦服用就要接受令人痛苦的医疗程序（在胃里插入导管），选择是艰难的，因此，被试发生了强烈的动机冲突（趋避冲突），无论做怎样的决定，他们都产生了心理应激。对照组被试因为不需要做选择，所以没有产生心理应激，而心理应激又对感冒症状产生了影响。在日常生活中经常会发生大大小小的动机冲突，小到去电影院看电影时选择看哪一部电影，大到大学毕业时在读研究生深造与工作之间进行选择，选择不仅给我们带来情绪上的痛苦与困扰，还可能对我们的健康造成影响。在以上研究中，陶特曼（Richard Totman）等人首创的"感冒病毒接种实验模型"，在方法学上具有较大的意义，提供了一种心理应激的实验研究思路。将实验的意义进行延伸，如就"意外地获得老师或家长的夸奖"这一问题，学生无一例外地感到惊喜、有成就感、信心倍增，觉得自己在获得表扬的方面有特长，暗下决心今后要继续努力，做得更好。能力差、表现不突出的同学，在得到老师或家长的表扬时异常兴奋；有过违纪行为的同学，在得到夸奖时，还要求老师指自己的不足。学生喜欢夸奖自己的老师，更愿意上这些老师的课。这是老师给学生的"转折点"：一次表扬，有时可以改变学生的精神面貌，改变他们的学习、生活态度。老师和家长千万不要吝啬赞美。"表层心理"很容易带给学生忐忑不安的情绪，寻找"转折点"是学生自我调节的方法。由引导开始，使学生逐渐学会在"转折"出现的前后，为自己和他人找一些理由。这样，就容易稳定情绪，并克服心理逆差。需要注意的是，老师在引导学生找出"转折点"时，并不能让学生为自己学不好、做不好找借口，而应该让他们通过心理调节更好地学习，提高自身素质。

实验二　生活事件越多，人就越容易得病吗？——雷赫"生活事件量与疾病发生的关系"的前瞻性研究

一、实验介绍

1967 年，美国精神病学家霍姆斯（Thomas Holmes）和拉赫（Richard Rahe）开始对压力进行定量研究,他们将生活中对人的情绪产生不同影响的事件称为"生活事件"，提出了生活事件与疾病关系的学说。在研究的过程中他们发现，生活事件是一种需要生理和心理两方面都进行适应的压力。个体在适应生活事件时，需要消耗较多的能量以维持机体内部的恒定状态。如果个体在短期内经历较多的生活事件，引起了机体的剧烈变化，机体本身就会因过度消耗而容易出现疾病。

日常生活中，每时每刻都有不同的生活变化，生活事件的普遍性及强度有很大的差异。有些生活事件可能影响所有的人，如人的衰老过程。而某些生活事件比其他生活事件难以适应，如亲人的死亡、家庭关系的突然变化等。

霍姆斯（Thomas Holmes）和拉赫（Richard Rahe）将人类的主要生活事件归纳为 43 种，用生活变化单位（Life Change Unit，LCU）来表示每一生活事件对人影响的严重程度，编制了社会再适应评分量表（Social Readjustment Rating Scale，SRRS）。

二、相关知识

SRRS 主要用于收集个体在近一年内的生活事件数目，用量化方式评估其生活变化的程度，以推断个体罹病的概率。霍姆斯（Thomas Holmes）和拉赫（Richard Rahe）对美国 5000 多人的调查发现，LCU 与疾病发生密切相关，若一年内的 LCU 不足 150分，提示下一年基本健康；若 LCU 为 150～300，次年有 50% 可能患病；若 LCU 累

积超过 300 分，次年患病的可能性为 70%。与生活事件明显相关的疾病有猝死、中风、运动损伤、结核病、工伤事故、白血病、糖尿病等。

1976 年，SRRS 发表后，霍姆斯（Thomas Holmes）强调使用此表时要注意事件发生与起病相距的时间以及事件对人影响的性质。SRRS 中包含有良性的、期望的事件，如结婚、休假等，但也有不期望的事件，如死亡、监禁等。霍姆斯（Thomas Holmes）认为不管是期望还是不期望的事件都与疾病的发生有关，评定的重点在于生活事件本身对当事人情绪变化的影响。但霍姆斯（Thomas Holmes）和拉赫（Richard Rahe）的研究忽视了个体差异的影响，因为生活事件只是环境中的诱发因素，个体是否真正出现心理问题，还取决于个体对同一生活事件的认知评价。

三、实验启示

1966 年，霍姆斯（Thomas Holmes）和拉赫（Richard Rahe）根据对 500 多人的病史进行分析和实验所获资料编制了 SRRS。此量表中的"生活变化单位"（LCU）代表相应事件在一段时间内经历的生活变化所要求的适应程度做出数量估计，例如"配偶死亡"（100 分），同时利用"疾病量表"调查这段时间内和此后一段时间内所患疾病和病感；然后考查总的 LCU 与疾病分数之间的关系。这就是关于生活事件同疾病关系的相关研究。

生活事件是研究心身疾病的一个重要内容，生活变化单位（LCU）得分过高的人容易产生心身症状，但心身疾病同生活事件只是有一定程度的关联。生活事件的性质不同对人体影响程度不同，生活事件与疾病种类无特异相关。归纳世界各国学者的这类研究结果，有的学者得出下列结论：生活事件同疾病发生和加重相关。在一段时间内，如果 LCU 分数增加很多，一个人发生疾病和病感的可能性变大。某研究发现，一年中，LCU 超过 300 分的人中第二年有 75% 的人曾感到严重不适、抑郁或心脑病发作；而低于 150 分的人中只有 33% 的人有类似情况。

实验三　心理应激会增加个体对感冒的易感性吗？——科恩"心理应激影响个体对普通感冒的易感性"实验

一、实验介绍

研究对象：男性 154 例、女性 266 例（不包括孕妇），自愿参加试验，无急慢性疾病，且没有服用固定药物，临床和实验室检查结果均正常；年龄 18 至 54 岁（平均 33.6 ± 10.6 岁）。试验前两天用 Henderson 等人编制的新近生活经历量表评价被试和其亲友最近一年遭受的消极事件,用 10 项应激感受量表评价被试感到其生活的不能预料、不能控制和不能承受的程度，采用负性情绪量表评价被试最近一周的苦恼、紧张、悲伤、生气、对自我不满等 15 个方面的负性感受。使用能力不足感量表和事件控制范围量表评价两个与应激有密切关系的人格特征，即自我评价和个体对环境的控制能力。由于有的研究提示内向性格的人受感染的危险性较大，因此也采用艾森克个性问卷评价被试个性内向和外向的程度。健康习惯问卷调查包括吸烟、喝酒、体育锻炼、睡眠质量和伙食习惯等项目。随后给其 394 例被试滴鼻 5 种呼吸道病毒液中的一种，同时给另外 26 名被试滴鼻生理盐水。接触病毒前 2 天和后 7 天，被试均被隔离。接触病毒前和接触后 2～6 天采集鼻液样本进行病毒分离。接触病毒约 28 天，第二次采集血清样本再次测定中和性抗体以及特异性抗病毒 IgA 和 IgG 的水平。符合以下三条标准中的一条即可评定为"病毒感染"：（1）接触后鼻液样本中分离出病毒；（2）接触后血清特异性病毒抗体滴定度的水平明显增高（如中和性抗体水平增加了 4 倍）；（3）IgA 和 IgG 的水平明显增高。结果有 82%接触病毒的被试被病毒感染，5 名（19%）接受生理盐水的被试也出现感染（其原因为受同住的被试的传染）。最后，临床医生使用一项从无（0 分）到严重（4 分）的判断标准来评价每名被试感冒的严重程度。将轻度（2 分）以上的感冒定为阳性临床诊断。"临床感冒的评定应符合既有病毒感染证据又有阳性临床诊断的标准。按此标准 78% 的接触病毒的被试（148 例）有临床感冒，接受生理盐水的被试无 1 例有临床感冒。结果：呼吸道病毒感染和临床感冒的出现率随心理应激的严重程度的增高而增加。此研究使用的 5 种病毒亦存在同样的关系。心理应激水平不同，病毒感染和临床感冒的出现率也不同（分别为 74%～90% 和 21%～47%）。在对年龄、性别、受教育程度、体重、季节、与其他研究对象合住的人数、同住者的感染状况和病毒接触前特异性病毒抗体基础水平等变量加以控制后上述结果仍无改变。几种心理应激导致疾病的可能性中介因素如吸烟、饮酒、体育锻炼、饮食习惯、睡眠质量、白细胞计数和免疫球蛋白总体水平等也不能解释研究发现的应激与疾病的关系。同样，对三种人格变量（自我评价、个体对环境的控制能力以及个性的内倾—外倾）加以控制后上述结果也没有变化。

二、相关知识

本实验的目的是探讨心理应激是否会抑制宿主对普通感冒的抵抗力，是否会增加个体对普通感冒的易感性。实验采用了三个心理评估指标，综合评估了被试的心理应激程度，又从三个方面独立进行评估，分别了解生活事件总量、觉知的心理应激强度和负性情绪水平与感染病毒和感冒症状之间的关系。该研究对多个无关变量进行控制，结果更加具有说服力。

三、实验启示

研究结果表明心理应激与个体患急性呼吸道感染疾患的危险性呈一种直线相关关系。虽然本研究有病毒的接触传染，但应激对感冒的影响却与之无关。这一结果表明，心理应激指数与个体对疾病的抵抗力有关，而与不同的病毒接触状况无关。本研究所得出的应激与临床感冒之间的关系虽不太紧密（校正机会比 = 2.16），但应激与病毒感染的相关关系却十分密切（校正机会比 = 5.18）。同时，在 5 种病毒中，这种应激与疾病的关系取向一致。提示应激与个体对疾病的一般抵抗作用受到抑制，从而导致对多种感染因素的易感性或与多种免疫过程受到抑制而产生类似的结果有关。本研究发现自我评价、人体对环境的控制能力以及内向和外向等人格特征并不能解释应激对疾病的影响。以往的有关应激因素与感染疾病关系的研究结果很不一致，可能是因为使用的评价指标不够敏感而不能发现应激对临床疾病所产生的较小的影响。本研究说明为了研究这一问题，应该控制重要的人文因素和生物特征，要有可靠和广泛的评价应激的指标，应控制感染因素的接触并使用较大的样本。

实验四　应激容易导致胃溃疡的发生——布瑞迪的"执行猴"实验

一、实验介绍

该实验主要探讨回避行为与胃溃疡的关系。

被试为 8 只恒河猴。

（1）预备实验。回避行为学习。8 只恒河猴两两配对成 4 对，采用共轭控制，进行电击的回避条件反射训练，每天训练 2 ~ 4 个小时。把每对猴子分别固定在相邻的两个特制约束椅上，脚上安装电极，实验者对它们进行 5 秒 1 次、强度为 5 mA、持续时间为 0.5 秒的电击（是同一电流环路），即电击与电击的间隔时间为 5 秒。在它们俩的椅子旁都有一个方盒子，盒子中有一个杠杆，如果它们中的任何一个按压杠杆，就可以使它们俩遭受的电击都延迟到 20 秒后才出现，即压杠杆与电击的间隔时间为 20 秒。猴子们学习了 6 小时后，实验者就发现每一对猴子中都有一只更早形成了按压杠杆的回避条件反射，于是这只猴子就被选入实验组，而另一只就进入轭合控制组。（2）程序。1 只实验组猴子与 1 只控制组猴子配对，共有 4 对，继续采用共轭控制。控制组猴子的杠杆是无效的，即按压杠杆对电击没有任何影响。实验者对它们进行 20 秒 1 次、强度为 5mA、持续时间为 0.5 秒的电击（依然是同一电流环路），即电击与电击的间隔时间为 20 秒。如果实验组猴子按压杠杆，则可以使它们俩遭受的电击都延迟到 20 秒后才出现，即压杠杆与电击的间隔时间为 20 秒。这样的回避行为程序持续 6 小时，然后无电击程序持续 6 小时，一天 24 小时中如此周而复始，进行 6～7 周。当处于回避行为程序时，会亮一盏两只猴子都能清晰可见的红灯，而当进入无电击程序时，灯会熄灭。实验开始后不久，4 只实验组猴子都能把回避电击的按压杠杆行为保持在稳定的频率上，在回避行为程序时间段中可达 15～20 次/分钟。在整个实验期间，采集每只猴子的 24 小时或 48 小时尿样，以测定尿中的 17-羟皮质类固醇。

二、相关知识

胃溃疡是一种常见病，它是由于胃酸分泌过多，胃黏膜脆弱性增加所致。很多专家认为心理应激导致的紧张、焦虑等负性情绪可能会引起胃酸分泌过多。比如，流行病学调查发现，第二次世界大战伦敦受空袭期间，居民的溃疡穿孔发生率显著增加（Stewart&Winser，1942）。布瑞迪（Joseph V. Brady）是约翰·霍普金斯大学医学中心的行为生物学教授，他于 1958 年报告的"执行猴"实验开创了应激与胃溃疡关系研究的先河。

三、实验启示

（1）四只实验组猴子分别于正式实验开始后第 9、23、25、48 天后死亡，肉眼观察和显微镜观察都显示它们有严重的胃溃疡，而 4 只控制组猴子却依然存活，且没有任何胃溃疡的迹象。

（2）每对猴子尿中的 17-羟皮质类固醇只在最初的回避行为程序阶段有轻微的增高，以后就不再有改变。这提示没有肾上腺皮质活动增加的迹象，因而，4 只实验组猴子得严重的胃溃疡不是肾上腺皮质活动增加造成的。结论：由回避行为而产生的应激会导致胃溃疡的发生。

这个实验中的实验组猴子，布瑞迪（Joseph V. Brady）后来称之为"执行猴"。"执行猴"因患严重的胃溃疡死了，而"非执行猴"却健康地活着。布瑞迪（Joseph V. Brady）认为这提示了胃溃疡是由需要始终处于紧张的警戒状态、持续做决定并采取行动所产生的应激而非电击造成的应激所致。在这一实验结果与当时的某种现象具有一致性，即那些处于支配地位、拥有权力和责任、需要经常做决策的人更容易患胃溃疡，因为他们就像"执行猴"一样，所从事的工作使他们总是处于强烈的应激之中。因此，布瑞迪（Joseph V. Brady）的这个实验引起了人们极大的关注。

实验五 不可控制的电击会导致"习得性无助"的发生——塞里格曼的"习得性无助"实验

一、实验介绍

习得性无助效应最早由奥弗米尔和塞里格曼（Martin E. P. Seligman）发现，后来在动物和人类研究中被广泛探讨。简单地说，很多实验表明，经过训练，狗可以越过屏障或从事其他的行为来逃避实验者加于它的电击。

1967 年，美国心理学家塞利格曼（Martin E. P. Seligman）研究动物时发现，他起初把狗关在笼子里，只要蜂音器一响，就给狗施加难以忍受的电击。狗关在笼子里逃避不了电击，于是在笼子里狂奔，惊恐哀叫。多次实验后，只要蜂音器一响，狗就趴在地上，惊恐哀叫，也不狂奔。后来，实验者在给电击前，把笼门打开，此时狗不但不逃，而是不等电击出现，就倒地呻吟和颤抖。它本来可以主动逃避，却绝望地等待痛苦的来临，这就是习得性无助。为什么它们会这样？因为它们已经知道，那些是无用的，这就叫"习得性无助"。

1975 年，塞里格曼（Martin E. P. Seligman）再次进行"习得性无助实验"，实验以大学生为被试。他们把学生分为三组：让第一组学生听一种噪音，这组学生无论如何也不能使噪音停止；第二组学生也听这种噪音，不过他们通过努力可以使噪音停止；第三组是对照组，不给被试听噪音。当被试在各自的条件下进行一段实验之后，即令被试进行另外一种实验：实验装置是一只"手指穿梭箱"，当被试把手指放在穿梭箱的一侧时，就会听到一种强烈的噪音，而放在另一侧时，就听不到这种噪音。实验结果表明，在原来的实验中，能通过努力使噪音停止的被试，以及未听噪音的对照组被试，他们在"穿梭箱"的实验中，学会了把手指移到箱子的另一边，使噪音停止，而第一组被试，也就是说在原来的实验中无论怎样努力，不能使噪音停止的被试，他们的手指仍然停留在原处，听任刺耳的噪音响下去，却不把手指移到箱子的另一边。为了证明"习得性无助"对以后的学习有消极影响，塞里格曼（Martin E. P. Seligman）又做了另外一项实验：他要求学生把下列的字母排列成字，比如 ISOEN，DERRO，可以排成 NOISE 和 ORDER。学生要想完成这一任务，必须掌握排列的规律。实验结果表明，原来实验中产生了无助感的被试，很难完成这一任务。

随后的很多实验也证明了这种习得性无助在人身上也会发生。

在现实生活中，那些长期经历失败的儿童、久病缠身的患者、无依无靠的老人，他们身上常常会出现"习得性无助"的特征：当一个人发现无论他如何努力，无论他干什么，都以失败而告终时，他就会觉得自己控制不了整个局面，于是，他的精神支柱就会瓦解，斗志也随之丧失。最终就会放弃所有努力，真的陷入绝望。因"习得性无助"而产生的绝望、抑郁和意志消沉，是许多心理和行为问题产生的根源。

二、相关知识

1．习得性无助定义

"习得性无助"指人在最初的某个情境中获得无助感，那么在以后的情境中仍不能从这种关系中摆脱出来，从而将无助感扩散到生活中的各个领域。这种扩散了的无助感会导致个体抑郁并对生活不抱希望。在这种感受的控制下，个体会由于认为自己无能为力而不做任何努力和尝试。"习得性无助"被认为是人类的一种沮丧表现。

2．来　源

"习得性无助"源自前面所说的美国心理学家塞里格曼（Martin E. P. Seligman）做的那项经典实验：起初把狗关在笼子里，只要蜂音器一响，就给以难受的电击，狗关在笼子里逃避不了电击；多次实验后，蜂音器一响，在给电击前，先把笼门打开，此时狗不但不逃而且不等电击出现就卧倒在地开始呻吟和颤抖——本来可以主动地逃避却绝望地等待痛苦的来临，这就是"习得性无助"。

3．表　现

产生习得性无助感的学生形成了自我无能的策略，最终导致他们努力避免失败。他们力求无法实现的目标，他们拖延作业，或只完成不费力气的任务。他们沮丧，并以愤怒的形式表现出来。

4．归　因

个体把控制力缺失归因于：
（1）永久性而不是暂时性。
（2）自己内在人格因素而不是情境因素。
（3）渗透到生活中多方面，易倾向于产生习得性无助。

三、实验启示

在日常生活中，我们时常听到幼儿对某个问题做出"我不会""我不懂"之类的回答。偶然如此，可能不会产生什么不良后果，但长期如此，就容易形成"习得性无助"，这对幼儿的成长是非常不利的。

如果幼儿从小就形成了这样一种习得性无助的心理与行为表现，将不利于其健康成长。试想一个遇事就表现出无能为力，对什么都缺乏信心的人怎么会生活得很好呢？一个遇到一点点挫折就停滞不前，并将这些归因于先天的或非自身原因的人，怎么会取得成就呢？因而，在教育中警惕幼儿习得性无助的形成是十分重要的。

形成习得性无助的主要原因是由消极的归因带来的消极期待，它主要源于成人对幼儿的评价、幼儿对得失的归因及成人消极自我评价给幼儿带来的潜移默化的影响。因此，防止幼儿形成习得性无助可从以下几方面入手。

（一）挫折教育要适度

父母都爱自己的孩子，但又怕爱得过头了不利于孩子的发展，于是许多父母（包括教师）都赞成对孩子进行挫折教育。创设一定的困难情境来培养孩子处理事情的能力的愿望是很好的，但在实际操作中存在一些问题。有的家长认为在孩子做错事时，狠狠地批评就是挫折教育；有的认为，不管对错，多批评少表扬就能培养孩子的心理承受能力；还有一些家长对孩子的所有需要都一律回绝，认为这就是不娇惯孩子，诸如此类的还有很多。

其实这些都是不正确的或者说是不恰当的教育方式，它的直接后果就是导致孩子习得性无助的形成。受过严厉批评的孩子往往会丧失自信心，因为害怕再犯错，所以对力所能及的事也会产生畏缩退避行为。较少受表扬的孩子会认为不管事情处理得如何，结果都无关紧要，相反做错了还会受到批评，因而会慢慢失去主动性，从而产生一种漠不关心的态度。而任何需要（不管是合理的还是不合理的）都得不到满足的孩子会丧失对生活的热情。

一次两次挫折可能不会产生严重的后果，但是反复体验这类情境就会导致孩子习得这种对生活的无助感，从而丧失对生活的热情。

（二）评价要适宜

在幼儿园教育中，教师往往注重结果性评价，如批评某某小朋友的画跟老师画的不像，某某小朋友折的纸花没有另一个小朋友折得好，而不知道某某小朋友的这幅画对于他本人而言有多么大的进步，"没折好纸花"的小朋友在折的过程中是多么认真。

幼儿教育不是没有正面评价，但实际上，有些正面评价还不如不评价，有些表扬还不如批评，因为不带情感色彩的评语是无力的，有时还有害。有的孩子天生体弱，家长往往以此作为孩子学业不良的借口。例如，一位家长在开家长会时一再强调自己孩子精细动作发展得不够是因为他体质差，还当着孩子的面对其他孩子的家长说，孩子生下来时就瘦小，又老是生病，所以学习上有点跟不上很正常，也不奢望他有什么成就。在这以后，这位小朋友一遇到困难就退缩。显然，这个孩子已经对自己学业不良做出了不合理的归因。因此，成人在对孩子进行评价时，一定要慎重，尤其是不要夸大其不利的一面。

（三）减少消极自我评价

在孩子的眼里，成人是无所不知的，是自己崇拜的对象。成人有过多消极的自我评价，会对孩子造成无形的压力。如成人劳累了一天，回家后不停地抱怨工作压力大，工作强度高，工资却又不尽如人意等。当过多的抱怨充满家庭氛围时，对幼儿也会造成无形的压力，觉得工作是可怕的而不是快乐的。

成人消极的自我成就归因也会给幼儿带来不良的影响。如一位家长对自己的孩子诉说自己的命运时，一再强调自己没有某某小朋友父亲的机遇好或者说没有好的社会关系、没有他那么多的钱送礼。这样，孩子在幼儿园里稍微被教师忽视或批评时，就会认为不是自己表现不好而是由于没有给教师送礼。

习得性无助形成的原因有很多，成人在生活和教育中应积极地加以预防。对于已有无助性表现的幼儿，成人要及时进行纠正与引导。如多营造一些情境，让幼儿体验成功；在生活中引导幼儿进行积极的自我归因；旁敲例击搜寻孩子的优点等。

实验六　斯坦福监狱实验

一、实验介绍

志愿者被随机分成两部分，12 个人扮演警察的角色，另外 12 个扮演"囚犯"，实验时每组只有 9 人，3 人后备。实验模拟真实监狱环境，"囚犯"分别被"警车"押送到监狱，然后被搜身、扒光衣服、清洗消毒，穿"囚服"（像连衣裙一样的罩衫），右脚戴"脚镣"。

有些装备与真实监狱中不同，是为了让志愿者能迅速进入角色。"囚犯"被关进"监狱"后就不能自由行动了，3 个人住一个小隔间，只能在走廊放风，他们没有名字，只有一个编号。充当看守的志愿者没有事先对其进行培训，只是被告知可以做任何维持监狱秩序和法律的事情。看守 3 个人一组，每组工作 8 个小时，三组轮换。

实验开始的第一天晚上，看守就在半夜吹起床哨，让"囚犯"起来排队，以验证自己的权威是否已经树立。他们惩罚"囚犯"的时候会命令"囚犯"做俯卧撑（在真实环境中用得最普遍的一种体罚措施），为了增加惩罚力度有时候还骑在"囚犯"身上。第二天一早，"囚犯们"就开始抗议，他们把监狱小隔断打通，用床堵住监狱门不让看守进来。换班的看守看到以后非常气愤，认为是之前一轮的看守对"囚犯"过于仁慈。他们用灭火器喷射"囚犯"，扒掉"囚犯"衣服，揪出带头捣乱的"囚犯"关禁闭，并恐吓其他囚犯。但看守很快意识到问题，3 个人无法妥善管理 9 个"囚犯"，于是他们找了反抗活动中 3 个"罪过"最轻微的人，单独把他们放到一个隔间里，给他们比其他"囚犯"更好的待遇，可以穿正常衣服，可以刷牙，吃更好吃的饭菜。半天后把他们放回到其他监狱中，再把带头捣乱的三个也放到优待的隔间里。"囚犯"于是相信这三个人因为告密才得到好处，不信任开始在"囚犯"中传播。实验过程中，有一位"囚犯"因精神濒临崩溃，教授不得不"释放"他。后来，看守无意中听到"囚犯们"要越狱的传言：之前被"释放"的"囚犯"会带领一群人来解救他们。于是看守和教授共同制订了一个计划，先把"犯人"脑袋套住，转移到其他地方，然后一个人守在腾空的监狱，等待解救者，并告知他们实验已经结束，然后再把"囚犯"转移回来。从这以后看守对待"囚犯"更加严酷，经常不让他们休息，想出各种方法来"惩罚"他们。有时候看守不让犯人上厕所，他们只能使用小屋里的水桶，而且还不按时清洗，让各种气味充斥在"牢房"里。有个编号819的"囚犯"生了重病，见到教授的时候痛哭流涕，说他不能再坚持。实验者无奈打算放他走，并让他先在旁边房间休息，然后帮他取个人物品。这时，看守把所有"囚犯"叫到走廊排队开始喊口号："819是个坏'囚犯'，因为他死了。"教授回来时看到编号819的"囚犯"正在低头哭泣，教授让他走，但是被他拒绝，他对教授说，他不能走，因为他要向别人证明他不是一个坏"囚犯"。教授告诉他，你不是819，你的名字是×××。这时志愿者才恍然大悟，离开了模拟监狱。教授组织"囚犯"召开了一次听证会，告诉他们，如果有个机会可以要求保释，但之前的报酬都拿不到，是否会选择保释，几乎所有的"囚犯"都同意保释。教授在询问完后说要考虑一下这个提案，并让他们回到牢房，居然没有一个人提出抗议。这时只要他们中有人提出中断实验，其实会获得和保释相同的结果，但是所有的人已经把实验当成真实，不懂得反抗了。到了第五天，志愿者家长请来了律师。因为前几天曾有位牧师来监狱与"囚犯"聊天，模拟真实监狱中的牧师工作，"囚犯们"请求牧师找律师来解救他们，但是律师来到现场以后，表示无能为力，因为这仅仅是一个实验，家长们的解救行动失败，但最终实验还是在第六天被终止，原因有两个。一是实验组织者们从录像中发现，看守在夜间会对"囚犯"更加残暴，使用各种手段折磨"囚犯"，他们以为那个时候没有人会关注他们的行为。二是哈佛大学一位前来参观的教授在看到"犯人"被戴着脚镣连在一起，脑袋上套着袋子看不到东西，还被看守吆喝着在厕所里跑来跑去，她相当震惊，强烈抗议实验不能这么虐待志愿者。教授这时也才清醒过来，随后终止了实验。或许我们会困惑心理学教授为什么会如此迟钝，但是在那名抗议的教授之前已经有50人参观过实验监狱，却没有任何一个人提出过异议。

二、相关知识

环境可以逐渐改变一个人的性格。这个试验中的所有人都被深深卷入了自己所扮演的角色无法自拔，不管是虐待者还是受虐者，甚至于主持实验的教授也被卷入其中，成了维持他那个"监狱"秩序的法官形象。斯坦福监狱实验也许是整个20世纪最有名也最受争议的心理学实验。这一实验被编入很多教科书和心理学著作，但是多年后，实验的结果受到质疑。斯坦福大学心理学教授菲利普·津巴多（Philip Zimbardo）表示无论遭到怎样的批评，1971年他做的该实验都是"迄今为止最著名的心理实验"。而根据当时的实验结果得出的结论是：人类的行为在很大程度上取决于社会角色和他们所处的境地，任何人都可能因为所处环境而变成虐待狂。

三、实验启示

斯坦福监狱实验告诉我们，环境可以逐渐改变一个人的性格，而情境可以立刻改变一个人的行为。

实验七　恐惧是如何形成的？

一、实验介绍

1920 年，早期行为主义心理学的代表人物华生及其助手进行了心理学史上著名的一次实验。该实验揭示了在一个婴儿身上是如何形成对恐惧的条件反应的。

实验对象是一个叫阿尔伯特的小男孩，当他还只有 9 个月大的时候，研究者把一只白色的老鼠放在他身边，起初他一点都不害怕；可是，当用一把锤子在他脑后敲响一根钢轨，发出一声巨响时，他猛地一打战，躲闪着要离开，表现出害怕的神态。给他两个月的时间淡忘这次经历，然后，研究者又开始实验。当一只白鼠放在阿尔伯特的面前，他好像看到了一个特别新奇有趣的玩具，伸出手去抓它；就在他的手快要碰到白鼠时，他的脑后又响起了钢轨敲响的声音，他猛地一跳，向前扑倒，把脸埋在床垫里面。第二次试验的时候，阿尔伯特又想用手去抓，当他快要抓住的时候，钢轨敲击声又在身后响起。这时，阿尔伯特跳起来，向前扑倒，开始啜泣。此后，又进行了几次这样的试验，把老鼠放在阿尔伯特身边，钢轨在他脑后震响，阿尔伯特对老鼠形成了完全的恐惧条件反应。华生后来在实验报告中写道："老鼠一出现，婴儿就开始哭。他几乎立即向左侧猛地一转身，倒塌在左侧，四肢撑起身体快速地爬动，在他到达试验台的边缘前，实验者用了相当大的劲才抱住他。"更进一步的实验显示，阿尔伯特对其他毛茸茸的东西也产生了恐惧，如兔子、狗、皮大衣、绒毛玩具娃娃，还有华生扮演圣诞老人戴的面罩。

二、相关知识

华生在西方心理学历史上有着举足轻重的地位，但他的小白鼠恐惧实验却备受争议。华生的小阿尔伯特实验是一个显示人类经典条件反射经验证据的实验，但也是一个刺激泛化的例子。华生在观察儿童后，推断这种恐惧是天生的。他认为，根据经典条件反射原理，他可以制约儿童恐惧另一个通常儿童不会害怕的独特的刺激。

三、实验启示

实验停止一个多月以后，又对阿尔伯特进行试验，正如研究者所预测的，他哭了起来，对老鼠和一切展现在他面前的毛茸茸的刺激都感到害怕，这时候，并没有任何钢轨敲击的声音。华生行为主义心理学思想的形成在很大程度上受俄国生理学家巴甫洛夫的条件反射学说的影响，华生认为，狗可以通过训练建立条件反射，人也有类似的情况。如果我们经常给人的某种行为施以正强化（奖励），那么这种行为就会巩固下来；如果不给强化或给以负强化（惩罚），那么该行为就会减弱或不再出现。因此，强化很重要。华生认为，我们只要找到不同事物之间的联系或关系，再根据条件反射原理加以强化，使刺激和反应之间建立起牢固的关系，那么就可以预测、控制和改变人的行为。

实验八　米尔格拉姆服从实验

一、实验介绍

米尔格拉姆服从实验又称"权力服从研究"，是一个非常知名的针对社会心理学的科学实验。实验的概念最先由美国耶鲁大学心理学家斯坦利·米尔格拉姆（Stanley Milgram）提出。

这个实验的目的是为了测试被试在遭遇权威者下达违背良心的命令时，人性所能发挥的拒绝力量到底有多大。

实验开始于 1961 年 7 月，米尔格拉姆（Stanley Milgram）在他的文章《服从的危险》（1974 年）里写道："在法律和哲学上有关服从的观点是意义非常重大的，但他们很少谈及人们在遇到实际情况时会采取怎样的行动。我在耶鲁大学设计了这个实验，便是为了测试一个普通市民只因一位辅助实验的科学家下达的命令而愿意在另一个人身上加诸多少痛苦。当主导实验的权威者命令参与者伤害另一个人，更加上参与者所听到的痛苦尖叫声，即使参与者感到强烈的道德不安，但多数情况下权威者仍然可以继续命令他。实验显示了成年人对于权力者有多么大的服从意愿，可以做出任何尺度的行为，而我们必须尽快对这种现象进行研究和解释。"

实验小组在报纸上刊登广告并寄出许多广告信，招募参与者前来耶鲁大学协助实验。实验地点选在大学的老旧校区中的一间地下室，地下室有两个以墙壁隔开的房间。广告上说明实验将进行约一小时，报酬是 4.5 美元。参与者年龄从 20 岁至 50 岁不等，受教育程度各不相同，从小学毕业至博士学位都有。

参与者被告知这是一项关于"体罚对于学习行为的效用"的实验，并被告知自身将扮演"老师"的角色，以教导隔壁房间的另一位参与者——"学生"，然而学生事实上是由实验人员所扮演的。

参与者将被告知，他被随机挑选为担任"老师"，并获得了一张"答案卷"。实验小组向"老师"说明隔壁的"学生"拿到的是一张"题目卷"，但事实上两张纸都是"答案卷"，而所有的参与者都是"老师"。"老师"和"学生"分处不同房间，他们不能看到对方，但能隔着墙壁以声音互相沟通。有一位参与者甚至被事先告知隔壁参与者患有心脏疾病。

实验者给"老师"一个据说从45伏特起跳的电击控制器，控制器与发电机关联，"老师"被告知控制器能使隔壁的"学生"受到电击。"老师"所取得的答案卷上列出了一些搭配好的单字，而"老师"的任务便是教导隔壁的"学生"。"老师"会逐一朗读这些单字配对给"学生"听，朗读完毕后"老师"就开始考试，每个单字配对会念出四个单字选项让"学生"作答，"学生"会按下按钮指出正确答案。如果"学生"答对了，"老师"会继续测验其他单字；如果"学生"答错了，"老师"会对学生施以电击，每逢作答错误，电击的伏特数也会随之提升。

参与者相信，"学生"每次作答错误会真的遭到电击，但事实上并没有电击产生。在隔壁房间里，由实验人员所假冒的学生打开录音机，录音机会搭配着发电机的动作而播放预先录制的尖叫声，随着电击伏特数提升也会有更为惊人的尖叫声。当伏特数提升到一定程度后，假冒的"学生"会开始敲打墙壁，而在敲打墙壁数次后则会开始抱怨他患有心脏疾病。接下来当伏特数继续提升一定程度后，"学生"将会突然保持沉默，停止作答、尖叫以及其他反应。许多参与者都表现出希望暂停实验以检查"学生"的状况。许多参与者在电压达到135伏特时暂停，并质疑这次实验的目的。一些人在获得了他们无须承担任何责任的保证后继续测验，一些人则在听到学生尖叫声时紧张地笑了出来。

参与者表示想要停止实验时，实验人员会依以下顺序回复他：

请继续。

这个实验需要你继续进行，请继续。

你继续进行是必要的。

你没有选择，你必须继续。

如果经过四次回复的怂恿后，参与者仍然希望停止，那实验便会停止。否则，实验将继续进行，直到参与者施加的"惩罚"电流提升至最大的450伏特并持续三次后，实验才会停止。

米尔格拉姆（Stanley Milgram）将整个实验过程和结果录制成纪录片，名字便是《服从》。在进行实验之前，米尔格拉姆（Stanley Milgram）做了预测实验结果的测验，参加测验的同事全都认为只有少数几个人——10%，甚至是1%的人会狠下心来继续"惩罚"直到最大伏特数。结果在米尔格拉姆（Stanley Milgram）的第一次实验中，65%（40人中超过27人）的参与者都达到了最大的450伏特"惩罚"——尽管他们都表现出不太舒服；每个人都在伏特数达到某种程度时暂停并质疑这项实验，一些人甚至说他们想退回实验的报酬。没有参与者在电压达到 300 伏特之前坚持停止。后来，米尔格拉姆（Stanley Milgram）以及许多心理学家也做了类似或有所差异的实验，但都得到了类似的结果。为了证实这项实验，许多更改了架构的实验产生了。

Thomas Blass 博士在重复进行了多次实验后得出了整合分析的结果，他发现无论实验的时间和地点，每次实验都有 61%～66% 的参与者愿意施加致命的伏特数。

对于实验结束时的情况所知不多，依据菲利普·津巴多（Philip Zimbardo）的回忆，当时那些没有达到最高伏特数的参与者既没有坚持这项实验本身应该结束，也没有到隔壁房间探视"学生"，离开时也都没有征得实验人员的同意。

二、实验启示

实验所引起最主要的评论不在于实验方法的伦理争议，而在于实验意义。一位参与者曾指出，当他在担任"老师"的中途想要停止时，便怀疑"整个实验可能只是设计好，为了测试寻常美国民众会不会遵从命令违背道德良心"，这确实是实验的初衷之一。

实验九　感觉剥夺实验

一、实验介绍

感觉剥夺实验就是夺去有机体的感觉能力而进行研究的方法。对人来说，感觉剥夺是暂时让被试的某些（或全部）感觉能力处于无能为力的状态，把人放在一个没有任何外部刺激的环境中进行研究，从而探索其生理心理变化的方法。

1954 年，心理学家贝克斯顿（W. H. Bexton）、赫伦（WHeron）和斯科特（T. H. Seott）等，在付给学生被试每天 20 美元的报酬后，让他们在缺乏刺激的环境中逗留。实验好像是非常愉快的。具体地说，就是在没有图形视觉（被试须戴上特制的半透明的塑料眼镜），限制触觉（手和臂上都套有纸板做的手套和袖头）和听觉（实验在一个隔音室里进行，用空气调节器的单调嗡嗡声代替其听觉）的环境中静静地躺在舒适的帆布床上。开始阶段，许多被试都是大睡特睡，或者考虑其学期论文。然而，两三天后，他们便决意要逃脱这单调乏味的环境。实验的结果显示：感到无聊和焦躁不安是最起码的反应。在实验过后的几天里，被试注意力涣散，思维受到干扰，不能进行思考，智力测验的成绩不理想。另外，生理上也发生明显的变化。通过对脑电波的分析，证明被试的全部活动严重失调，有的被试甚至出现了幻觉（白日做梦）现象。

赫布（Hebb）认为，有机体的心理的形成完全依赖于其所处的环境。心理在它变得有能力进行新构成的反应以前基本上是空白。有机体在每一年龄阶段都和它的环境不断发生交往，被试对实验环境的出乎意料的反应，正是其离不开所处环境的证明。赫布（Hebb）还认为，有机体的中枢神经系统有一种形成"细胞结集的能力"。"从这里可以发展出作为一种机能作用单位的注意和知觉的习惯"。因此，形成人们的知觉和注意的习惯方式有赖于我们早期所受的环境影响。"我们从出生开始，就主要只听见本民族的语言，因而被剥夺了非常丰富的听觉经验。在我们还是婴儿的时候，这样的环境就改变了我们的视觉系统，以致我们总是通过我们早期经验的局限性来看待世界"，使我们不能适应改变了的环境。

二、相关知识

（一）感觉剥夺实验的类型

感觉剥夺实验研究有不同的类型。从内容上看，有视觉、听觉、肤觉剥夺；从方法上看，有简单的部分感觉剥夺，也有严格意义上的感觉剥夺；从对象上看，有动物的和人类的感觉剥夺之分。在感觉剥夺的实验设计上，一般有三种，即限在床上的、面具式的以及悬挂在水中的大槽里的感觉剥夺。无论哪种类型，其剥夺感觉的途径都是多种多样的。以动物的视觉剥夺为例，通过缝合眼睑、使用不透明或半透明的障目镜，或在黑暗中养育等都可以减少或完全剥夺其视觉。

（二）感觉剥夺实验的心理效应

感觉剥夺能够对被试的心理和行为产生重要的影响作用。这种影响涉及感知觉、记忆、思维、想象等心理过程，也触及了诸如态度、遵从、动机与需要等个性心理特征。感觉剥夺的心理效应主要体现在：（1）感觉剥夺造成注意力涣散，不能聚精会神地从事某种活动。（2）感觉剥夺造成思维的混乱，不能明晰地思考问题。（3）感觉剥夺造成知觉能力的损伤，不能正常地进行感知活动和分析。（4）感觉剥夺造成想象能力的畸变，有些被试甚至出现幻觉。（5）感觉剥夺造成被试心理上的焦虑不安，使被试产生痛苦和想逃脱的愿望。

三、实验启示

感觉剥夺实验具有以下方面的意义。

1．生理学意义

感觉剥夺实验告诉我们：人的神经系统似乎特别适宜于从人们不断遭遇的极广泛

的刺激中挑选信息。为了维持某种程度的机能觉醒以使神经机能以正常状态运行，一定水平的感觉输入是必不可少的。倘若不能使多样化维持一个关键的水准，就会出现不适应，最终会导致有机体心理上的紊乱。也就是说，不断向我们感官袭来的刺激，诸如光、形、色、声、味、嗅、触等刺激并没有将我们埋葬，反而有助于正常的机能的发展。

2．心理学意义

其一，感觉剥夺实验说明，感觉虽然是一种低级的简单的心理活动，但它对人来说意义重大。剥夺感觉势必会影响知觉、记忆、思维等较高级的和复杂的心理现象。没有刺激，没有感觉，人不仅不会产生新的认识，而且连正常的心理机能都得不到维持。

其二，感觉剥夺实验表明，认识环境是一种比物质享受更迫切、更强烈的需要。根据马斯洛的观点，人的需要有五种层次。他认为，即使前四种需要都得到了满足，个体也还能制造紧张，产生要求发挥自己全部潜能的需要。处于感觉剥夺情境的被试，虽然生理的需要、物质的享受得到了满足，但是更高一级的认识上的需要却受到了抑制。因而，满足其认识客观需要的动机便促使他们不得不制造紧张状态，引起心理上的混乱，以求得解脱，重新回到有丰富刺激的客观环境中，以利于自我潜能的充分发挥和其他高级需要的追求，而认识环境是一种较高级的需要。

其三，感觉剥夺实验还从一个侧面说明，如果离开人类赖以生存的社会环境，那么作为人类的正常的心理状态是不可能存在的。在感觉剥夺实验中，被试离开了正常的社会生活环境和条件，他们产生了这样或那样的心理变化，这些变化与正常状态下人的心理状态是有差异的，而人作为一个社会化的产物，离不开赖以生存的人类社会环境。

第五章　社会心理学典型实验案例

实验一　选择性群体感知

一、实验简介

选择性感知的影响在 Hastorf 和 Cantril（1954）的一个研究中被很好地展现了出来。他们的研究涉及普林斯顿和达特茅斯两校间的一场激烈而粗暴的橄榄球赛（达特茅斯印第安人队与普林斯顿老虎队 1951 年的比赛，最终普林斯顿获胜。比赛中双方都有运动员受伤）。比赛一周后，研究者让两校的心理学专业的学生填了一份关于比赛中犯规行为的问卷（见表 5.1、表 5.2）。

表 5.1　两校学生对问题"你认为是哪一队挑起了粗暴的比赛？"的回答

	达特茅斯学院的学生（%）	普林斯顿大学的学生（%）
普林斯顿老虎队先动手	2	0
两队同时动手	53	11
达特茅斯学院印第安人队先动手	36	86
弃权	9	3

表 5.2　两校学生对问题"你认为这场比赛是公平干净的还是无谓的暴力肮脏的？"的回答

	达特茅斯学院的学生（%）	普林斯顿大学的学生（%）
干净、公平	13	0
暴力、公平	39	3
暴力、肮脏	42	93
不知道	6	4

作为对比，研究者又让另外两组分别来自两校的学生看了关于比赛的影片。这些

学生们都被要求去观察犯规情况。学生们都看了电影，但普林斯顿的学生"发现"的达特茅斯球员的犯规次数是达特茅斯学生"发现"的 2 倍。

Hastorf 和 Cantril 在他们的论文中总结，这场球赛"实际上是很多场球赛。每一个视角对于特定的人与其他视角对于其他人一样，都是'真实'的"。在这个研究之中，被试的感知因为他们所属的社会群体而动摇了。对两个学校的成员以及与他们无关的中立者，比赛都具有不同的意义。更进一步地说，即使对同一个学校的成员而言，比赛也可能具有不同的意义，比如对于球队队员和他们的球迷。这些发现显示出每个人不同的"价值"在形成感知中起到的重要作用。

二、社会知觉的群体偏差

人们积极地对接收到的刺激进行加工，有选择地关注这一刺激的一些方面，而忽略另一些方面。而且，他们用自己关注的方面来欺骗自己的认知。最强大的社会影响往往是最不明显的——它们已经深深植根，如我们日常的行为模式。两个学校球队球迷的感知肯定受到了他们所属群体的影响，但是他们自己是意识不到这一点的。不同的群体组织方式为人们提供了不同的价值判断模式，进而影响他们对社会事件的感知。了解这种影响可以使我们更清晰地观察不同群体之间的互动，不时地从他人的角度看问题。

三、社会知觉群体偏差效应在教学中的应用

课堂教学重演实验过程建议如下：

第一，预设情景——优秀班级评比。

假设两个班级要开展优秀班级评比，同一个年级的两个班是竞争对手，拼比规则是每个班的同学相互列举本班的优点、缺点以及另一个班级的优点和缺点。

第二，科学统计。分班级按照列表统计本班所列举的优点和缺点的条目数，以及占总条目数的百分比。

第三，形成结果。以 1801 和 1802 班为例（见表 5.3、表 5.4）。

表 5.3　统计结果 1

	1801 自评优点	1801 自评缺点	评 1802 的优点	评 1802 的缺点
条目数	32	16	20	22
百分比（%）	67%	33%	48%	52%

表 5.4　统计结果 2

	1802 自评优点	1802 自评缺点	评 1801 的优点	评 1801 的缺点
条目数	30	12	18	20
百分比（%）	71%	29%	47%	53%

第四，引发科研思维。从上面的数据表中可以看出，人们更愿意认为自己所在的群体更优秀，而与之竞争的对手不管多优秀，均会认为对方群体不如自己，这也告诉我们，在与他人和其他群体进行沟通时，应该注意克服选择性偏差，确保客观、科学地看待事件和他人。

实验二　光环效应

一、实验简介

"光环效应"是社会心理学一个经典的发现。其理念是对于个人的总体评价（例如她是否令人喜爱）渐渐成为狭隘的对于某些特定的特征的评判（例如她是聪明的）。好莱坞明星完美地证明了光环效应，因为他们总是很有魅力而且令人喜爱，所以我们就自然而然地假设他们同时也是聪明的、友善的、明辨是非的等。直到我们发现了（大量的）与此相反的证据，我们才幡然醒悟。

在 20 世纪 70 年代，著名社会心理学家 Richard Nisbett 开始论证我们是多么难以进入自己的总体思考过程以及光环效应这个特例。

二、基于个人光环和魅力的判断

Nisbett 和 Wilson 希望调查听课的学生是如何评判讲师的。学生们被告知这是一项对于评价老师的研究。学生们被分为两组，他们会分别看两段关于同一位讲师的不同视频。而这位讲师正好有很重的口音（这和实验室是很有关的）。其中一组学生看的视频是这位讲师和蔼而友好地回答了一系列的问题；另一组学生看的视频是同一位讲师用冷酷而疏远的语气回答了同样的问题。实验让我们明确，到底哪一种人格更讨人喜欢是十分明显的。在其中一种人格中讲师显得热爱教学和学生，而在另一种人格中他看上去更像是一个完全不喜爱教学的权威人物。令人意外的是，虽然给了他们很多机会，第一组学生还是不知道自己为什么给讲师打高分。研究结束后，学生们被暗示自己对讲师的喜爱程度可能会影响他们的评价。尽管如此，大多数学生说通过讲师说话的内容产生的对他的喜爱程度完全没有影响自己给讲师个人特征的打分。第二组学生将结果完全搞反了。有的学生认为自己给讲师的个人特征打分影响了他们对于其喜爱程度的总体评价。

在这之后，实验者并不感到满意。他们再次采访学生，问他们是否有可能对讲师的总体评价影响了自己给其特征的打分。学生们仍然说没有影响。他们确信自己在没有考虑讲师是否令人喜爱的情况下对他的外表、特殊语言习惯和口音做出了评价。

三、光环效应在教学中的应用

在日常生活的方方面面，光环效应影响着人们对他人的认知和评价。一般来说，人们对人和事物的最初印象会影响到对此人、此事的其他方面的判断。在教育教学过程中，教师也经常受到光环效应的影响，常常"以成绩取人"。成绩好的学生，老师往往认为其品学兼优，各方面表现都很好，常常忽视其缺点，错过纠正的最佳时间；而对于成绩不好的学生，教师倾向于判断他们是不专心的、调皮的，甚至武断地认为他们缺乏礼貌，忽视他们身上的闪光点，甚至抓住他们的缺点不放。这就是光环效应造成的错误判断。在教育教学过程中，师生都应该注意避开光环效应的影响，互相帮助，共同努力。

实验三　波波玩偶实验

一、实验简介

波波玩偶实验是美国心理学家阿尔波特·班杜拉于 1961 年进行的关于侵犯行为研究的一个重要实验。他在 1963 年和 1965 年又对此专题继续进行深入研究。波波玩偶是与儿童体形接近的一种充气玩具。波波玩偶实验对于班杜拉研究观察学习、创建其社会学习理论起了关键作用。

在该实验中，班杜拉选用儿童作为实验对象，因为通常儿童很少有社会条件反射。班杜拉试图使儿童分别受到成人榜样的攻击性行为与非攻击性行为的影响。然后将这些儿童置于没有成人榜样的新环境中，以观察他们是否模仿了成人榜样的攻击性行为与非攻击性行为。

班杜拉为这个实验制定了 4 个假设：

（1）目击攻击性成人榜样行为的被试，将试图模仿或实施类似的攻击性行为，即使榜样不在现场。此外，他相信这些孩子的行为将会与那些目击非攻击性成人榜样行为的被试以及没有观察任何榜样的孩子（控制组）大为不同。

（2）榜样不在现场时，观察非攻击性成人榜样行为的被试所表现出来的攻击性行为，将不仅少于目击攻击性成人榜样行为的被试，而且少于没有观察任何榜样的孩子。

（3）儿童将更乐于模仿同性榜样的行为，因为儿童通常更加认同同性的成人与家长。

（4）由于攻击性行为更多地具有男性化的特征，男孩们将会更乐于展示攻击性行为，尤其是观察富于攻击性的男性榜样的男孩。

二、社会学习理论

班杜拉以其社会学习理论为基础对侵犯加以解释和探索，他力图回答3个方面的问题：（1）侵犯模式是如何发展起来的。（2）是何种因素唤起人的侵犯行为。（3）侵犯行为被发动之后由何种因素维持。班杜拉认为，人并不是生来就具有侵犯能力的，这种能力必须通过学习获得。虽然侵犯行为同生理活动一样，依赖于神经系统的生理机制，大脑的皮下结构（主要是下丘脑和边缘系统）对侵犯行为起着中介作用，但大脑皮层对外部刺激的加工，有选择地控制着皮下神经结构的活动。对侵犯行为获得具有更大影响的不是生物因素，而是社会学习因素。这种学习是通过观察他人的行为及其结果而实现的，又称"观察学习"或"替代性学习"。观察了他人的侵犯行为及其后果，人便会形成侵犯的观念，并用这些观念指导自己的侵犯行为。这种以他人为榜样的观察学习有四个阶段：注意过程、记忆表征过程、动作生成过程和诱发动机过程。这里的榜样有几个不同的来源，如家庭成员、大众传播内容中的各种角色。班杜拉对电影、电视与侵犯行为的关系做了许多研究，提出它们对儿童的侵犯行为有如下作用：教导侵犯手段，解除对侵犯的约束，对暴力去敏感和习惯化，改变人对现实的认识而相信想象，并以此作为行动的基础。

关于侵犯行为的引发机制，班杜拉认为有以下因素起作用：引起人厌恶情绪的事件、容易使人联想到侵犯行为的情景、示范性的榜样存在等，他还提出保持侵犯行为的几种主要因素：（1）外部强化的作用，因为侵犯的结果可能带来物质利益，提高社会地位，减弱自身的某种痛苦或实现对受害者的惩罚。（2）在集体性侵犯行为中，惩罚有可能带来众人更强烈的侵犯。（3）替代性强化，即看见别人的侵犯受到了奖赏会提高侵犯行为的可能性。（4）自我调节机制，主要包括侵犯的自我奖励、自我惩罚和内部控制的解除等过程。

三、波波玩偶实验在教学中的应用

课堂教学重演实验过程建议如下：
第一，观察班杜拉波波玩偶实验的视频。

班杜拉让斯坦福大学幼儿园年龄为 3~6 岁的 36 名男孩和 36 名女孩观看一位榜样殴打一个波波玩偶。控制组、第一实验组和第二实验组各包括 24 名儿童，分别观看攻击性行为和非攻击性行为。第一实验组和第二实验组按性别再次分组，然后分别观看同性榜样和异性榜样。

后续实验其中之一是让所有孩子看包括侵犯行为的录像，录像中有对玩偶的侵犯行为（打、踢、摔），但是分为三种结果，其一是影片结尾时让一个旁观者登场称赞打玩偶的行为；其二是让打玩偶的那个人受惩罚；其三则没有评价。把儿童分为三组分别观看三种结果的录像，然后让他们也做玩偶游戏。观察发现除第二组的儿童外，另两组都表现出了侵犯行为（打玩偶）。然而如果给予儿童强化刺激，如告诉他们模仿侵犯行为即可得到奖品，那么第二组儿童也会模仿录像中的行为，与其他人没有区别。

第二，形成结果。

分别统计视频中男孩和女孩的攻击次数，并验证以下四个结论。

（1）目击攻击性成人榜样行为的被试，将试图模仿或实施类似的攻击性行为，即使榜样不在现场。此外，他相信这些孩子的行为将会与那些目击非攻击性成人榜样行为的被试以及没有观察任何榜样的孩子（控制组）大为不同。

（2）榜样不在现场时，观察非攻击性成人榜样行为的被试所表现出来的攻击性行为，将不仅少于目击攻击性成人榜样行为的被试，而且少于没有观察任何榜样的孩子。

（3）儿童将更乐于模仿同性榜样的行为，因为儿童通常更加认同同性的成人与家长。

（4）由于攻击性行为更多地具有男性化的特征，男孩们将会更乐于展示攻击性行为，尤其是观察富于攻击性的男性榜样的男孩。

第三，科学讨论。分别发现榜样、环境、集体等对攻击行为的影响，加深对社会学习的理解，同时，启发学生思考还有哪些社会学习的实验。

实验四　阿希从众实验

一、实验简介

这项社会心理学实验表明：我们当中很多人都会为了迎合他人而否定自己的看法。

一些人喜欢人云亦云——我们时常不假思索地相互模仿对方穿衣的品位、谈话的口吻和态度，但是这种人云亦云究竟到达了什么地步？你是否认为自己可能会在模糊不清的时候否决自己的看法，而去附和别人呢？

看看下面的图形（见图 5.1）。比较左边图中的线段和右边图中的三条线段（A、B 和 C）。这三条线段中哪一条和左边的这条一样长？

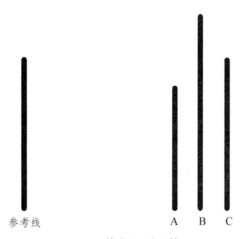

参考线　　　　　　A　B　C

图 5.1　线段图形比较

很显然答案是 C。然而在一项 20 世纪 50 年代的经典心理学实验中，76% 的人至少一次地否定了自己的看法，而选择了 A 或者 B。到底是什么策略施加了强暴的心理压力，迫使他们做出这样的选择呢？

这项实验吸引人的地方在于它的设计者，著名的心理学家 Solomon Asch 设法证明了刚好相反的结论。之前 Muzafer Sherif 的实验发现了当人们面对判断模棱两可的测验时，他们用别人的判断作为参考标准。

这非常合情合理。如果我对于某事不确定，我会去询问别人。但这只是发生在我不确定的情况下。而在我确信无疑的时候情况就不同了，例如当我清楚答案是什么的时候。那时别人的判断就没有影响了——或者至少 Asch 是这么想的。

二、具体的实验

实验者带来了一些男大学生，每次带一个人进入一个房间，和其他 8 个假冒的被试一起（Asch，1951）。然后，他们看了和图 5.1 类似的图形，并做比较。被试被要求说出 A、B、C 中哪一条线和那条参照线一样长。这个过程重复了 12 次，实验期间，被试观察了图 5.1 的改进版。

被试没有意识到的是，其他坐在桌子边的八个人是在玩一个游戏，他们都是"同伙"，之前被实验者嘱咐故意给出错误的答案。在一半的实验中他们给出偏短的线段作为答案，而在另一半实验中他们则给出偏长的线段作为答案。

真正的被试对此一无所知，他们实际上是在五位故意给出错误答案的实验者的"同伙"之后第六个回答问题的。

实验结果出乎 Asch 的意料：

在超过一半的实验中，50% 的人和"假被试"一样给出了错误的答案。

在所有 12 次实验中只有 25% 的被试拒绝受到"主流的"、明显错误的判断的影响。

5%的人总是附和"主流的"错误观点。

在所有的实验中平均的附和率为33%。

因为对于被试为何附和"主流意见"感到好奇，Asch在实验后采访了他们。他们给出的答案对于我们所有人来说都再熟悉不过了：他们都觉得焦虑、害怕别人的反对而变得因顾虑他人的看法而显得不自然。多数人解释说他们和组里其他人看到的结果不一样，但是他们觉得别人是正确的。有些人说他们附和别人是为了避免引人注意，尽管他们知道组里其他人是错误的。

小部分人说他们和其他人的看法是一样的。

这个研究的发现是如此令人惊讶，这启发了很多心理学家进一步研究。以下是他们的一些发现：

Asch发现，如果被试只需写下他们的答案（同时别人说出他们的答案），附和的概率降低了12.5%。

Deutsch和Gerard（1955）发现，即使在高度匿名和对于答案高度确定的情况下，附和别人的概率还有23%。

三、从众实验在教学中的应用

模仿他人并不让人意外，但是让人感到惊讶的是，人们尽管有亲眼所见的证据却还是选择附和别人。其实，在模棱两可的情况下怂恿别人附和会变得更加容易，而这种情况时常存在于我们的日常生活中。

从众心理是一种常见的社会心理现象，应用在教育领域中，就需要发挥其积极作用。比如，一些同学看到别人通过努力成绩有所提高，心里很羡慕，于是也会仿效，这就是从众心理的影响。因此，当你情绪低落、神情涣散时，其他同学的学习方法、学习动力、学习态度和对学习时间的利用，甚至对学习环境的选择等，都可以成为你最直接的参照物。

实验五　认知失调

一、实验简介

我们如何以及为何对自己撒谎——认知失调。

1959年的一个经典的社会心理学实验证明了我们如何以及为何对自己撒谎。

这个实验是由Festinger和Carlsmith（1959）负责的。人们总是试图解释自己的思维和行为，而这个实验正是提供了对于这种自我解释的重要而深刻的理解。实验中充满了巧妙的"骗术"，所以对它最好的理解方法就是想象自己身临其境。那么请坐好，放松，让我们回到过去。现在的时间是 1959 年，而你是一位斯坦福大学的本科生……作为你课程的一部分，你同意参加一项"表现衡量"的实验。你被告知这个实验需要两个小时。由于你原本每年就需要作为被试参加一定数量的实验，所以这次只是多了两个小时而已。你并不知道，这个实验会成为社会心理学的一个经典。在你看来似乎是实验者造成的意外事故，实际上这些都是被小心控制的骗局的一部分。不过就目前来看，你是无辜的。

进入实验室，实验者告诉你实验是关于你的预期如何影响你在一个任务中的实际经历的。很显然，被试被分为两组。而在另外一组中，被试被告知了一个特殊的关于这次研究的预期结果。为了清楚地灌输这个预期结果，一个刚刚完成这项任务的学生正在给另一组被试做非正式的简要介绍。不过，在你的这组里，被试不会被告知预期结果。你可能会纳闷为什么要告诉你这些。虽然如此，这样看起来似乎更加刺激，因为你现在知道了一些这个实验的背后过程。于是你开始着手第一个任务，不过很快又发现它非常无聊。刚开始的半个小时里，你被要求将一些线轴放到一个箱子里。接下来的半小时里，你又被要求将一些钉子放在一块木板旁边。说实话，相比这个，你宁愿看着油漆变干。在任务的结尾，实验员感谢你的参与，并告诉你很多其他被试发现这个任务非常有趣。这有点令人困惑——这个任务明明很无聊。管他呢，你就这么让它过去了。

二、基于任务的认知调整

实验者看上去有一点尴尬，他开始吞吞吐吐地解释说出现了一点小差错。他说他们需要你的帮助。在你之后的那个被试是属于在任务开始前就知道预期结果的那一组的。这个预期结果就是任务很有趣。不幸的是，通常负责告诉别人预期结果的那个人没来。所以，他们问你是否愿意代劳。不但如此，他们还提出会为此付给你 1 美元。1959 年的 1 美元的酬劳也不算微不足道。并且，他们告诉你将来可能还会用到你。这钱听起来很容易赚，于是你答应了他们的要求。

你很快被介绍给了下一位被试，她将要去做你刚刚完成的那个任务。按照指示你告诉她，她将要做的任务非常有趣。突然，你因为给了她太高期望而感到后悔。这时，实验者回来了。他再一次对你表示感谢，而且又一次告诉你很多人都觉得这个任务很有趣，也希望你同样这么认为。然后你被引导进入另一间房，在那里你接受了关于刚才那个实验的采访。其中一个问题是你觉得刚才那个任务是否有趣。这让你停顿了一下，并引发了你的思考。现在这个任务看起来似乎没有刚才那么无聊。你开始发觉即使是线轴和钉子的重复运动也蕴含了一种对称美。而且这一切都在科学的名义之下。这是一个有价值的劳动，并且你希望实验可以得出一些有趣的结果。那个任务仍然不能被算是非常好玩，但是也许没有那么糟糕。再回想一下，你发现它没有你最开始认为的那么无聊。你给它的评价是比较有趣。

实验结束后你和同样参加了实验的朋友聊天。比较了一下后你们发现除了一个重要的区别外，你们两个的经历是完全一样的。她得到的酬劳比你得到的多多了：20美元！这让你第一次开始怀疑其中是不是有一些"阴谋"。

你问她关于线轴和钉子的任务：

"哦，"她回答道，"真是无聊透了，我给了它最低的评价。"

"不。"你坚持反驳，"没有那么糟糕。事实上如果你仔细想想，它还是挺有意思的。"

她不可思议地看着你。

到底是怎么回事？

三、认知失调的出现

你刚刚所体验到的是认知失调的力量。研究认知失调的社会心理学家对于我们如何处理两种矛盾的想法很感兴趣。

在上面这个实验中，一开始你认为任务很无聊，然后他们付给你钱，让你告诉另外一个人任务很有趣。但是，你不是那种随便撒谎的人。所以你如何解决作为一个诚实的人的真实看法和对下一个被试撒谎的矛盾？你得到的金钱很难安抚你自己的良心——那些钱挺不错，但是还不算那么重要。你的大脑决定认为这个研究实际上比较有趣，以此来解决这个难题。那个告诉你其他人都觉得任务很有趣的实验员帮你坚定了这个结论。与此同时，你的朋友没有必要经历这些内心的矛盾。她只是对自己说：我撒这个谎得到了20美元。对于像我这样的学生来说这是一笔不小的数目，足以为我撒的小谎提供足够的理由了。无论实验者告诉我什么，这个任务始终都是无聊的。

四、认知失调实验在教学中的应用

课堂教学重演实验过程建议如下：

第一，案例分析。当你试图加入一个团体的时候，越是难以进入，你就越珍惜你的会员资格。为了解决"你为了加入他们而需要越过的障碍"和"其实那只是一家普通的俱乐部"之间的矛盾，我们说服自己，这家俱乐部实际上还是很棒的。

第二，出现认知失调。为了支持自己的看法，人们对于同样的信息会完全不同的理解。当决定自己关于一个有争议的问题的看法的时候，我们为了避免冲突，就故意忘记和自己的理论相矛盾的观点，而记住所有支持自己理论的观点。即使是在明显不道德的情况下，人们还是会迅速地将自己的价值体系调整到适合自己行为的标准上来。那些偷自己老板东西的人会声称"每个人都是这么干的"，于是他们如果不这么做就会显得落后。或者他们会说"我的报酬太低了，所以我理应在其他方面得到一点额外补偿"。

第三，完善社会认知。只要你去思考，人们通过为自己的过失找借口来解决认知失调的情形还有好多好多。如果你对自己是诚实的，我敢肯定你可以想起很多你自己这么做的情形。我知道我可以想起好几次。意识到这点可以帮助我们避免犯下认知失调的一种后果最为危险的过错：相信自己的谎言。

实验六　斯坦福监狱实验

一、实验简介

最好的心理学实验总是探讨关于人性的永恒的问题，例如，是什么让一个人变得邪恶？一个好人也会犯下恶行吗？如果答案是肯定的，那么是什么让人们越过那条界线？有没有一个临界点，当它被跨过之后就会释放出邪恶？又或者是人们所处的处境决定了他们的行为？斯坦福监狱实验有力地论证了处境的作用。

实验的思路很简单：看看被挑选出来的最健康、最"正常"的普通人如何应对自己正常身份的彻底改变。被试中一半作为狱警，另一半作为"囚犯"。为了使实验有好的效果，必须真实地模拟现实生活中囚犯和狱警的经历。这些被试将迎接生命中的全新体验。"囚犯"们像平时一样一大早出门的时候被"逮捕"，然后他们被采集指纹、蒙上眼、关进监狱，接着被剥光衣服、搜身、去虱子、理发、拿到囚服、得到一个号码，一只脚上被拴上链子；另外的被试变成了身穿警服、手持木棍的狱警。斯坦福大学一幢建筑的地下室被伪装成了一座监狱。

二、制度与人性

（一）反抗被镇压

一开始一切都很正常，可是到了第二天，"囚犯"们做出了反抗。狱警们迅速而残忍地采取了报复。他们把"囚犯"全身扒光，搬走了"囚犯"的床，把这次反抗的头目拉去关了禁闭，并且开始骚扰"囚犯"。不久之后"囚犯"们开始无条件地服从狱警。经过几天逼真的角色扮演之后，"囚犯"报告说他们之前的身份似乎已经完全被抹去了，他们只记得自己在监狱中的代号。同样的情况也发生在"狱警"们的身上，他们辱骂并且虐待"囚犯"。

（二）实验者也被卷入实验

甚至连首席研究人员 Philip Zimbardo 也承认自己沉浸在了"监狱主管"的角色中。事实上，他相信这次实验最为有效的结果就是他自己被转化为一个讲究制度的人物形象——更注重监狱的安全，而不是被试的福利。实验组的其他成员也全神贯注于自己的新角色。Craig Haney 和 Zimbardo 一样，他解释说自己完全忙于对付管理"监狱"时每天所遇到的危机，而忘记了他们实验的目的。

（三）角色扮演

直到他的一位同事干预了之后实验才终于被停止。实验预计要进行 14 天，不过只持续了 6 天。之前是和平主义者的年轻人在扮演狱警的过程中侮辱并且在身体上攻击"囚犯"，甚至有报道说个别人很享受这个过程。与此同时，"囚犯"们很快显示出典型的情绪崩溃的征兆。其中五人甚至在实验提前结束之前就不得不离开"监狱"。对于被试行为的心理学解释是，他们承担了自己被指派的社会角色。这其中包括了接受与这些角色相关的隐含的社会标准：狱警应该变得独裁，应该虐待囚犯，而囚犯则需要卑屈地忍受给自己的惩罚。

这个实验不可避免地引来了违背道德，包括样本过小、缺乏生态有效性等方面的批评。尽管如此，我们仍然难以否认，这个实验提供了对于人类行为的重要的洞察。

三、斯坦福监狱实验在教学中的应用

课堂教学重演实验过程建议如下：

第一，解读案例。

在撰写《走进 Rikers：世界上最大的拘留所的故事》时，Jennifer Wynn 采访了纽约最大的拘留所 Rikers Island 的狱警。一位警长解释说狱警很容易习惯于对被收容者的施暴程度——这是他们工作的一部分，他们很快就对此免疫了。有些人无法理解他们在工作的时候怎么好像变了一个人一样。

第二，原因分析。人们为什么会适应角色？权力与角色之间如何匹配？

第三，社会案例分析——贪污。分析一些官员为什么会滥用手中的权力谋私。

实验七　虚假同感偏差

一、实验简介

很多人非常自然地认为自己是很好的"直觉型心理学家"，觉得预测别人的看法和行为是十分容易的事情。我们每人都有靠先前自我和他人的经历积累起来的无数信息，这就意味着我们必然拥有很强的洞察力了吗？在现实中，人们在估计他人行为及其原因的时候总是显示出很多可以预见的偏见，而这些偏见正好证明了我们多么需要心理学实验，以及为什么我们不能依赖于自己的直觉去推测别人的行为。

其中的一种偏见叫作"虚假同感偏差"。在 20 世纪 70 年代，斯坦福大学的社会心理学教授 Lee Ross 特意用两项简单有效的研究证明了虚假同感偏差是如何运作的。

在第一项研究中，被试被要求阅读关于一起冲突的资料，并得知有两种对此冲突做出回应的方式。被试需要做以下三件事情：

（1）猜测其他人会选择哪种方式。

（2）说出自己的选择是什么。

（3）分别描述选择这两种回应方式的人的特征属性。

实验结果显示，无论被试选择了两种回应方式中的哪一种，更多的人认为别人会做出和自己同样的选择。这展现了被 Ross 和同事们称为"虚假同感"的偏见——我们每个人都觉得别人和自己想的一样，可是实际上并非如此。当被试在描述和自己持不同意见者的特征属性时又揭示了另一种偏见。和与自己有相同选择的人相比，人们对于和自己有不同选择的人的人格做出了更为极端的预测。说得通俗一点就是：人们倾向于假设那些和自己观点不一致的人有点不正常！这似乎看上去像一个笑话，但这是人们表露出来的确实存在于现实中的偏见。

二、基于虚假的判断

这项研究很吸引人，不仅因为它揭示了我们在考虑别人行为时的一种偏见，而且它证明了心理学研究的重要性。

像这项社会心理学实验证明的那样，人们是蹩脚的直觉型"心理学家"。少数的几个例外之一是当答案十分明显的时候，例如问别人是否应该去谋杀。但是从总体上来说，我们观点一致的问题不如我们意见不一的问题有趣。人们还可能假设和自己有不同看法的人相对于自己来说有更加极端的人格。这是因为，人们有意或无意地对自己说，所有思维正常的人当然都和我想的一样。可是，很显然不是这样。

三、虚假同感偏差在教学中的应用

课堂教学重演实验过程建议如下：

第一，实验探讨。假如你是被试，你是否愿意挂上写着"来 Joe's 饭店吃饭"的广告牌在校园里闲逛 30 分钟（不告诉被试 Joe's 饭店食物的质量如何，以及他们看上去有多傻）。被试被告知他们可以从中学到"一些有用的东西"，以此作为这样做的唯一动机。不过如果不愿意，他们完全可以拒绝这样做。

第二，科学统计。（1）做出选择，是否愿意带着牌子这么做。（2）如果自己愿意这么做，请估计一下另外一个班有多少人愿意这么做，他们为什么愿意这么做？那些不愿意这样做的人又是因为什么原因不愿意。如果自己不愿意这么做，请估计一下另外一个班有多少人不愿意这么做，他们为什么不愿意那么做？而那些愿意这样做的人是因为什么原因愿意。

第三，结果分析。这项实验的结果证实了之前的研究。在那些同意挂广告牌的人中，62% 认为其他人也会同意这么做。在那些拒绝这么做的人中，只有 33% 的人认为别人会同意挂广告牌。和上次一样，人们对于和自己意见不合者的人格再次做出了更为极端的预测。你可以想象一下他们是怎么想的。那些同意挂广告牌的人可能会说："那些拒绝的人是怎么回事？我想他们肯定很害怕自己看上去很傻。"而那些拒绝挂广告牌的人会说："那些同意挂广告牌的只知道卖弄的到底是些什么人？我知道那样的人真古怪。"

第四，引发科研探索。鼓励同学们用这样的思维去分析一些社会现象，将心理学的理论与实践相结合。

实验八 社会认同实验

一、实验简介

人们在群体中的行为总是吸引人而又时常令人烦恼。一旦人们组成了群体，我们就开始做出奇怪的事情：模仿群体中其他成员的行为，偏袒自己群体中的成员，寻找一位自己崇拜并能抗击其他群体的领袖。只要去看看谢里夫（Sherif）做的罗伯斯山洞实验就能够发现，要挑起不同群体间的冲突是多么容易的一件事。但是不同类型的群体之间有巨大的差异。有一些群体更像是属于同一作战部队的士兵，他们从小就互相熟识。这种关系持续时间长久、紧密，成员之间相互保护。或许属于这种群体中的人彻底地改变自己的行为，并在很多方面袒护同伴就显得不足为奇。

不过，其他的一些群体则远没有这么紧密。比如说，一家体育俱乐部的支持者，或者只在几个月内一起研究同一课题的同事，甚至是在一间画廊鉴赏同一幅画作的一群人。在任何能引起人注意的范围内，我们似乎都不可能认为共同站在同一幅画前仅仅 30 秒钟的人形成了一个群体。这种关系难道不显得太过于稍纵即逝了吗？这正好就是社会心理学家 Henry Tajfel 和他的同事要回答的问题。他们相信，一个群体和随之形成的偏见有可能形成于很短的时间。实际上，他们认为，即使在成员之间没有面对面的交流，相互之间互不认识，而且他们的"群体"行为没有实际影响力的情况下，还是有可能形成群体。换句话说，他们从这个徒有形式的群体那里完全无法获得任何好处。

Tajfel 和同事们想出了一个证明他们想法的简单有效的方案。一些十四五岁的男孩作为被试被带进实验室，并且看了 Klee 和 Kandinsky 两人画作的幻灯片。他们被告知，实验者会根据他们对于这些画的偏好将他们分为两组。当然，这是一个为了在他们心中产生"我们"和"他们"的概念的谎言。实验者希望这两组孩子对于谁和自己同组，组别意味着什么，或者他们有什么得失这些问题几乎没有任何概念。在安排完之后，孩子们一个一个被单独带入一个小隔间，然后每人被要求将虚拟货币分发给两个组中的其他成员。他们知道的信息只有那些男孩是属于哪个组的，以及属于那个人的一个代码。为了弄清楚在自己这组和对方的那组之间这些孩子更偏向于哪一方，实验者设计了一系列的规则。在其他的一些试验中规则稍有改动，以便于验证一些其他理论。这些孩子在分发虚拟货币时是否：

公平？

为了获得最大的共有利益？

为了获得最大的本组利益？

为了获得两组间最大的差距？

有所偏袒？

这包含了最大本组利益和最大两组间差距的结合。

根据孩子们分发虚拟货币的情况来看，被试确实证明了群体成员间典型的行为界限：相对于其他组的成员，他们更偏向于自己组的同伴。在其他很多试验中，这种格局持续地得到发展，而且在其他的实验中得到了复制。如果你能相信的话，在这些实验中，群体概念甚至更加淡薄。在"我"第一次看到这项实验的时候，"我"的第一反应是它太令人吃惊了。要知道，那些孩子完全不知道谁"和自己"在同一组，以及谁在另一组。但是，关于这项实验最令人费解的一点在于这些孩子从偏袒自己这组中完全无法得到任何好处——看起来并没有任何东西左右他们的决定。在现实世界中有一个很好的偏袒自己的群体的理由——一般来说这对你自己也是有利的。你通过保护像你一样的其他人来保护自己。

二、社会认同理论

一些东西左右了男孩们的决定。那是一种非常微妙而又无比深刻的东西。Tajfel 相信人们的身份是建立在自己的群体成员身份之上的。举例说，想想你自己属于什么群体：比如在工作上，或是在家庭中。你自己的身份从某种意义上来说是由这些群体来定义的。换言之，你所属群体的性质决定了你的身份。鉴于这种说法，我们希望成为社会地位高、形象良好的群体中的一员就再正常不过了。不过非常关键的一点在于，社会地位的高低是在比较中才能看得出来的。那么，根据社会认同理论，实验中的那些男孩确实有理由在分配虚拟货币的时候变得自私。这完全是通过让自己这组的成员看上去更优秀，从而抬高自己的社会地位。

三、社会认同实验在教学中的应用

课堂教学重演实验过程建议如下。

（一）对原有实验的讨论

没有任何实验可以，或者应该停留在其表面价值上。我们必须问，它是否真的证实了作者声称它所证实的理论。这项实验和对其的解释时常招致两种批评。

（1）被试的行为可以通过经济上的利己主义来解释。但是在另一个试验中，"虚拟"货币被换成了符号，结果仍然相同。

（2）被试只是用他们认为实验者希望他们给出的回应方式来做出回应（心理学家将其称为"需要特征"）。但是 Tajfel 认为被试并不知道实验者想要的结果是什么。回想一下，分发虚拟货币的规则时常变化，而且实验者鼓励被试认为选择自己喜欢哪位画家的作品（"第一部分"实验）和分配虚拟货币（"第二部分"实验）之间没有联系。

尽管有这些批评，Tajfel 和同事们的发现经历了时间的考验。这个实验以及类似的实验在改变了实验变量之后被重复了很多遍，实验结果几乎不变。

（二）群体成员的向心性

社会认同理论说明，我们的身份是由我们所属的群体塑造的。其结果就是我们有目的地改善自己的群体和其他群体相对的形象和地位。Tajfel 和同事们的实验表明我们所从属的群体对于自己是如此重要，以至于我们在几乎没有受到任何激励的情况下还是会加入持续时间最为短暂的群体。然后我们会自发地让自己所属的群体看上去比其他群体更优秀。我们所属的群体对于我们的重要性，以及我们经常在无意识的情况下如此轻易地加入不同的群体，这些都是关于人性微妙而又深刻的观察。

（三）学生总结提炼提升社会认同的方法

（1）依靠能力，如果能力不济就靠装备，比如坐在坦克里就很有安全感。所谓缺乏安全感，是因为缺乏掌控事态发展的实力。也就是自身实力太弱，以至于任何事都可能向自己不希望的方向发展。促进学生对相关知识理论的学习。

（2）建立良好的人际关系。首先，要面对自己。其次，要肯定并接受他人。和谐、友好、积极、亲密的人际关系是社会生活中人与人之间进行交往的基础，建立良好的人际关系，不仅能让你在遇到困难时获得帮助，而且能够增进彼此间的合作，提高工作效率和生活质量。

（3）增强归属感。放下自己的各种预设和偏见，积极主动地去参加一些能够结识新人的活动。可以从身边现有的社会关系中找到能够和你彼此提供情感支持的人，寻找你们的共同点。

实验九 旁观者效应

一、实验简介

这项研究调查了"旁观者效应"。它显示别人的存在可以抑制我们在紧急情况下帮助别人的行为。《纽约时报》曾经报道过这样一起事件：1964 年 3 月 13 日，一名 28 岁的女性在下班返回公寓的途中遭到歹徒的袭击。这场袭击持续了将近 30 分钟，被袭击期间，受害者多次朝附近的居民楼呼救，但除一人报警以外，其他人都没有伸出援手。最后，她在被送往医院的途中去世了。据调查，当时有 38 人听到了她的呼救声或看到了她正在被袭击的场面，但他们都没有采取任何行动。这次事件引发了大众对人性冷漠的关注和讨论：当时若大部分目击者都采取了行动，那这一悲剧是不是就不会发生了呢？后来，John Darley 和 Bibb Latane 开始研究紧急情况下帮助别人的行为，并通过多次实验提出了"旁观者效应"。

二、基于助人行为的旁观者效应

旁观者效应也称为"责任分散效应"，是指对某一件事来说，如果是单个个体被要求单独完成任务，责任感就会很强，会做出积极的反应。但如果是要求一个群体共同完成任务，群体中的每个个体的责任感就会很弱，面对困难或遇到责任往往会退缩。因为前者独立承担责任，后者期望别人多承担责任。"责任分散"的实质就是人多不负责，责任不落实。

John Darley 和 Bibb Latane 发现当有其他的旁观者在场时，会显著地降低人们介入紧急情况的可能性。自 1980 年以来，有 60 多个实验研究比较了独自一人或与他人在一起时的亲社会行为表现，结果发现，大约有 90% 的实验都证明独自一人时更可能提供帮助。研究还发现，在场人数越多，受害者得到帮助的可能性越小。1969 年，John Darley 和 Bibb Latane 进行了一项实验研究。让参加实验的被试听到隔壁办公室里一位女士从椅子上重重摔下来的声音以及她的呻吟："哎呀，我的天呐！我的脚……我……

我……不能动……它。我……拿不开……这个……东西。"整个过程大约持续两分钟，观察被试在不同情境中的反应。第一种情境下，被试单独在场，结果有 70% 的被试去帮助受害者；第二种情境下，事情发生时有两个陌生人在场，结果有 40% 的被试去帮助受害者；第三种情境下，被试与一位消极的实验者助手在场，他对被试说不用帮忙，结果只有 7% 的被试去帮助受害者。

那些在这个过程中什么也没做的人，显然认为这件事并不是紧急情况。"只是轻微扭伤。"有人说。"我不想让她觉得尴尬。"有人解释道。在做了这个实验后，John Darley 和 Bibb Latane 都询问被试，在场的他人是否会影响他们？虽然我们已经看到了在场的人所产生的奇妙影响，但被试却总是否认这样的影响。他们只是回答说："我知道有其他人，但我的所作所为与他们不在时是一样的。"这些答案强化了一个我们熟悉的观点，我们其实并不知道自己产生某种行为的原因。

三、旁观者效应实验在教学中的应用

课堂教学重演实验过程建议如下：

第一，案例分析。被试和一些陌生人聊天，每次试验中陌生人的数量从 1 个到 4 个不等。由于讨论的话题敏感，被试被告知讨论将通过对讲机进行。实际上这是一个策略，以保证被试无法看到和自己谈话的人。在讨论中，一组里的一个成员会突然表现出癫痫发作的症状。以下是他讲话的台词。

"我—嗯—我觉得我—我需要—如—如果可以—呃—谁—呃—呃—呃—呃—呃—呃—呃—给我一点—呃—给我一点帮助，因为—呃—我—呃—我现在有—呃—呃—有—————————个严重的问题—呃—我—呃—如果谁可以救救我，那就—那就—呃—呃—太好了……因为—呃—呃—啊—因为我—呃—我呃—啊—我出了点——点—呃—呃—问题，而—而—而且如果有谁—呃—能给我一点帮—帮助的话我的情况会—呃—得到好转—呃—呃—呃—呃—呃—有没有人—呃—呃—救—呃—啊—啊—啊（说不出话）……我要死—呃—呃—我—要死—呃—救—呃—呃—癫痫发作—呃……"

然后，实验者测量被试需要多长时间才去帮助那个人。他们明显发现一组中的成员越多，被试对于这个紧急情况的反应速度就越慢。似乎其他人的存在抑制了人们帮助他人的行为。

第二，分析以下两个问题，并与之前的电击实验相结合进行讨论。

你不在意吗？有些被试在紧急情况下没有任何干涉的举措。到底发生了什么呢？Darley 和 Latane（1968）描述说，那些无动于衷的人并不是不关心那个病人。相反地，和那些报告了这则紧急事件的人相比，他们显得觉醒程度更高。很多人流汗，手发抖，而且看上去明显感到不安。那些没有给予受害者帮助的被试似乎陷入了一个困境——无论在两个选择中选哪一个都会导致糟糕的结果，这使得他们的行为受到了禁锢。他们一方面因为没有帮助那个人而觉得羞愧和内疚，另一方面他们又不愿意让自己显得尴尬，或者破坏这个实验。他们之前被告知这项实验需要建立在谈话者相互保持匿名的基础之上。

和 Milgram 研究的情境相似，这则实验中的被试同样处于权威人物（心理学家）给予的继续进行实验的压力。同样的，某些人倍感不安，被试们对于是否应该干预犹豫不决。有一项发现表明：在场的人越多，被试就越晚赶去帮忙。因为实验的设置方式，被试无法知道其他听到癫痫发作者说话的人有什么反应，这就意味着唯一的变量就是他们知道的在场人数。

第三，总结分析。最后得出如下几条解释旁观者效应的社会心理学理论。

1．社会抑制作用（社会比较理论）

社会上每一个人对所发生的事情都有着一定的看法并采取相应的行动，但每当有其他人在场时，个体在行动前就比无人在场时更加小心地评估自己的行为，把自己准备做出的行为和他人进行比较，以防出现尴尬难堪的局面。结果显示，当他人都不采取行动时，就会产生对个体利他行为的社会抑制作用。

2．社会影响结果（从众心理）

在一定的社会情境下，每个人都有一种模仿他人行为而行事的倾向，这种倾向在紧急情况下更加突出。也就是说，当在场的其他人无行动时，个人往往会遵从大家一致的表现，采取一种"不介入"的态度，这是由于周围环境或团体的压力产生的一种符合团体压力而改变自己态度与行为的从众社会心理现象。

3．多数人忽略

他人在场和出现影响了个体对整体情境的认知、判断和解释，尤其是在紧急情况下对自己陌生的情况进行判断。人们既缺乏对行为措施的心理准备也缺乏对行为的信息资料。因此，每个人都试图观察在场所有人的行为资料以澄清事实和自己的模糊认识，从他人行为动作中找到自己行为的线索和依据。

4．责任扩散

在紧急情况下，当有他人在场时，个体不去救助受难者的（社会）代价会减少。见死不救产生的罪恶感、羞耻感，以及责任会扩散到其他人身上，个体责任会相对减少。我们说，为了帮助处于困境中的人，个体必须感到自己有责任采取行动。但是，当有许多人在场时，就造成了责任扩散，即个体不清楚到底谁应该采取行动。帮助人的责任被扩散到每个旁观者身上，这样每一个人都减少了帮助的责任，容易造成等待别人去帮助或互相推诿的情况。另一个解释是，在紧急事态中，个体必须把自己正在做的事情停下来，产生某种不寻常的、没有预料到的、超出常规的行为。在单个人时，他可以毫不犹豫地采取行动，但由于有其他人在场，他会比较冷静，先观察一下其他人的反应，以免举止不当而被嘲笑。

实验十　威胁与交流

一、实验简介

如何避免失败的讨价还价。讨价还价是我们经常进行的一项活动，尽管我们自己可能意识不到。它发生在每一次我们试图和别人达成一项协议的场合中。这项协议可以简单到和朋友选择去哪家饭店吃饭，或者决定看哪个电视频道；大到可以影响一个国家的命运。无论规模大小，讨价还价都是我们生活中的一部分。对讨价还价的心理过程的理解能够给我们的每日生活带来巨大的利益。在一项经典的、曾经获奖的一系列研究中，Morgan Deutsch 和 Robert Krauss 调查了讨价还价中的两个重要的因素：我们如何和对方交流，以及我们如何运用威胁。

要研究这些，他们利用了一个迫使两个人相互讨价还价的游戏。虽然 Deutsch 和 Krauss 用到了九种不同的情境，一旦你理解了基本的游戏，所有的情境就只有微小的区别。那么，试图想象你自己是 20 世纪 50 年代 Bell Telephone 实验室的一位行政工作人员，你被要求参加一项心理学研究。每一项心理学研究都有一个故事，而这个故事主要讲述了两家卡车运货公司间的事情……

实验 1：卡车运货

在实验正式开始前，研究人员向你解释说你将要和另一位被试玩一种游戏。在游戏中你需要经营一个卡车运货公司。游戏的目标和现实生活中一样：获得尽可能多的利润。

像现实中的卡车运货公司一样，你需要在尽可能短的时间内将尽可能多的货物运达目的地。但是在这个游戏中你只有一个起点、一个终点和一位竞争对手。看上去这是一个很简单的游戏。

下面是游戏的难处。

卡车运货路线让你为难。你和对手都面临着一个相同的问题。你前往目的地的路线有两条：一条短，一条长。记住，时间就是金钱，所以你到达目的地所需的时间越长，你的利润就越少，而利润正是游戏的目标。不幸的是，较短的路线有一个很大的缺点：单行道。在同一时间你们两人中只有一个可以穿过那条路到达目的地。看起来你需要和你那位陌生的对手达成某种协议来共享这条单行道，这样你们两人才都能赚钱。不过，你将如何做到这一点则是一个谜，因为在实验过程中你们两人没有交流的机会。你会坐在一个小隔间里，在那里你只能看到一个表示你的"卡车"的控制箱以及实验者。

产生威胁的大门。

你得到了一种和你的对手交流的方法，尽管只是一种间接交流。你们每人控制单行道上靠近自己这一端的一扇大门。不过，这扇大门只能在你的卡车上了主干道之后才能被关上。这将是你拥有的威胁。而实验者又"火上浇油"地说你只需管自己多赚钱，而无须顾忌另一个人的利润。

听你的口令，预备，合作！

一旦你们开始实验，不久后你就发现自己根本赚不了什么钱。在20次试验的第一次中，你和你的对手都关闭了自己的大门，迫使两方的卡车都绕道而行。这条路比单行道远50%，这就意味着你在路途上总体是亏损的。在第二次试验中，双方的卡车在单行道上迎头相遇。你们都必须掉头，损失了时间和金钱。剩下的几次试验结果也没好到哪里去。你偶尔可以在路途中赚点小钱，但是大多数情况下都是以亏损告终。你把大量时间花费在更远的路线上，或者是从单行道掉头回来的路上，而不是在主干道上高兴地边前进边赚钱。在实验的最后，研究人员公布你不但没有赚到钱，反而严重亏损。或许卡车运货公司并不是这么容易经营的。

不同类型威胁的比较。

后来，你发现自己处在三种不同的实验情境中的一种。其他两种情境与你经历的这种的唯一区别在于，在其中一种情境中两方都没有大门，而在另一种情境中只有一扇大门由一位被试控制。在实验者告诉你另外两种情境的实验结果之前，试图猜测一下：你所参与的一种情境中含有双方威胁——你们两人都可以威胁到对方。一种情境中有单方威胁——只有一方可以威胁到对方，而在最后一种情境中没有任何威胁。不同情境下利润从多到少的顺序是什么呢？

最后发现，在将双方得分加起来的时候，你所处的有双方威胁的情境赢得了最少的利润，排在第二的是单方威胁情境，而利润最丰厚的是无威胁情境。这是第一个颇为古怪的结果。虽然在单方威胁情境中拥有威胁，即大门控制权的那个人的利润高于没有大门控制权的那个人，但是他们在个人和总体上仍然好过于双方都有威胁的情况。这个实验说明拥有威胁导致了更糟糕的结果，单方威胁要优于双方威胁。

实验2：交流的界线

是不是一点点交流就大有帮助呢？在之前的实验中你不允许和另一位被试说话，所以你的卡车需要代替你说话，讨价还价就是要通过协商来达成一个折中方案。

为了验证交流的作用，Deutsch 和 Krauss（1962）又组织了第二个实验。除了被试可以通过耳机相互通话外，其他方面都和第一个实验完全一样。

下面是第二个奇怪的结果：允许双方交流并没有使实验结果发生显著变化。实验者发现双方说话并不影响他们赚钱的多少。换句话说，那些相互交流的被试并没有设法达成更好的共识。

实验者和被试对于这个结果感到很惊讶。允许人们交流难道不能帮助他们找到一个让双方都赚钱的方法吗？可这完全不是实验中发生的结果。相反，似乎人们的争强好胜比他们交流的动机更强烈。从另一方面来说，或许实验情境中某种特有的因素阻止了人们交谈。

第二项研究中的被试报告说，他们难以开口和完全是陌生人的对方说话。其结果就是他们明显不如平时那么健谈。是否可能是情境约束导致了交流障碍，因此使双方很少有交涉呢？

实验3：被迫交流

Deutsch 和 Krauss 决定在第三个实验里验证被迫交流的作用。实验过程又是和之前一样，但是现在 20 组被试被要求必须说些什么。如果他们中的一组不交谈，那么实验者会友好地提醒他们说些话。他们可以谈论任何东西，只要说话就行。

结果终于显示交流取得了一些成功。单方威胁情境组的表现和无威胁情境组的表现接近，但无威胁情境组表现最好。和没有交流时相比，被迫交流对于无威胁情境无明显影响，而且它也没有有效地改进双方威胁组的情况。似乎人们在双方均有威胁的时候仍然争强好胜，以至于很难避免双方的亏损。

二、基于威胁的交流有效吗？

有效的交流，是通过听、说、读、写等载体，通过演讲、会见、对话、讨论、信件等方式将思维准确、恰当地表达出来，以促使对方更好地接受。

达成有效交流必须具备两个必要条件：首先，信息发送者清晰地表达信息的内涵，以便信息接收者能确切理解；其次，信息发送者重视信息接收者的反应并根据其反应及时修正信息的传递，免除不必要的误解。两者缺一不可。有效交流主要指组织内人员的交流，尤其是管理者与被管理者之间的交流。

有效交流能否成立关键在于信息的有效性，信息的有效程度决定了交流的有效程度。信息的有效程度又主要取决于以下几个方面：

（1）信息的透明程度。当一则信息应该作为公共信息时就不应该导致信息的不对称性，信息必须是公开的。公开的信息并不意味着简单的信息传递，而要确保信息接收者能理解信息的内涵。一方面，如果以一种模棱两可的、含糊不清的文字语言传递一种不清晰的，难以使人理解的信息，对于信息接收者而言没有任何意义。另一方面，信息接收者也有权获得与自身利益相关的信息内涵。否则有可能导致信息接收者对信息发送者的行为动机产生怀疑。

（2）信息的反馈程度。有效交流是一种动态的双向行为，而双向的交流对信息发送者来说应得到充分的反馈。只有交流的主、客体双方都充分表达了对某一问题的看法，才真正具备有效交流的意义。

三、威胁与交流实验在教学中的应用

第一，了解什么是有效的交流。强调交流的目标明确性。通过交流，交流双方就某个问题可以达成共识。强调交流的时间概念。交流的时间要简短，频率要增加，在尽量短的时间内完成交流的目标。强调人性化作用。交流要使参与交流的人员认识到自身的价值。只有心情愉快的交流才能实现双赢。

第二，有效交流的方法。学生通过上述实验与分析知晓有效交流的方法，一是必须知道说什么，就是要明确交流的目的。如果目的不明确，就意味着你自己也不知道说什么，自然也不可能让别人明白，自然也就达不到交流的目的。二是必须知道什么时候说，就是要掌握好交流的时间。当交流对象正忙于工作时，你要求他与你商量下次聚会的事情显然不合时宜。所以，要想很好地达到交流效果，必须掌握好交流的时间，把握好交流的尺度。三是必须知道对谁说，就是要明确交流的对象。虽然你说得很好，但你选错了对象，自然也达不到交流的目的。四是必须知道怎么说，就是要掌握交流的方法。你知道应该向谁说、说什么，也知道该什么时候说，但你不知道怎么说，仍然难以达到交流的效果。交流是要用对方听得懂的语言——包括文字、语调及肢体语言，而你要学的就是透过对这些交流语言的观察来有效地使用它们进行交流。

第三，移除交流障碍的方法。通过学习与讨论，学生需知晓有效交流的最大障碍是思维方式固守传统。思维是交流的基础，任何一个有目的的交流皆始于自我。因此，自身的思维是影响有效交流的重要因素。过于坚持自身思维方法的管理者既主观又武断，缺乏客观、公正、公平之心。既不能正视自我也不愿正视他人，更谈不上设身处地站在对方的角度考虑问题。

有效的交流是一种动态的双向行为，而双向的交流应得到充分的反馈，只有交流的主客体双方都充分表达了对某一问题的看法才能使交流具有意义。因为在复杂的社会环境下，组织内部多样化程度越来越高，相互之间的依赖也越来越强，各种对目标、职责、利害关系等认识的分歧也越来越大，同时，也只有在增强主客体交流的过程中才能引导人们从不同的角度看问题，消除一些不必要的误解和偏见，如此才能使组织成为一个相互依赖的合作整体。从而顺利达到组织追求的目标。

真诚是理解他人的感情桥梁，而缺乏诚意的交流难免带有偏见，从而导致交流的信息被扭曲。实际上，交流中信息发送者的目的是否能达到完全取决于信息接收者。因此管理者只有在转变观念，弱化自己的权力，把对方看成合作伙伴的前提下才能与被管理者进行心理交流。自由开放的多种交流渠道是使有效交流得以顺利进行的重要保证。从管理的角度考虑，交流是一个长期积累和长期不懈努力的过程，因此，交流不仅仅是管理中的技巧和方法，更是一种组织制度。在很多国家，开会可能是传递、发送信息的一个最常用的形式，一个具有实质内容的、安排妥当的会议将是同时完成意见交流和管理目的的有效工具。

实验十一　卢钦斯首因效应实验与社会知觉偏差

一、实验简介

1957 年，美国心理学家卢钦斯做了这样一个实验。他编撰了两段描写一个名叫吉姆的男孩的生活片段的文字，第一段文字将吉姆描写成热情、外向的人，说吉姆与朋友一起去上学，他走在洒满阳光的马路上，与店铺里的熟人说话，与新结识的女孩子打招呼等；另一段文字则相反，把他描写成冷淡而内向的人，说吉姆放学后一个人步行回家，他走在马路的背阴一侧，没有与新近结识的女孩子打招呼等。在实验中，卢钦斯把两段文字加以组合：第一组，描写吉姆热情外向的文字先出现，冷淡内向的文字后出现；第二组，描写吉姆冷淡内向的文字先出现，热情外向的文字后出现；第三组，只显示描写吉姆热情外向的文字；第四组，只显示描写吉姆冷淡内向的文字。

卢钦斯让四组人分别阅读一组文字材料，然后回答一个问题："吉姆是一个什么样的人？"结果发现，第一组中有 78% 的人认为吉姆是友好的，第二组中只有 18% 的人认为吉姆是友好的，第三组中有 95% 的人认为吉姆是友好，第四组只有 3% 的人认为吉姆是友好的。

第一组和第二组条件下，相同的内容只因顺序不同，人们对吉姆的印象差别竟然如此之大！也就是说，信息呈现的顺序影响了人的整体看法，先呈现的信息比后呈现的信息有更大的影响作用。这个现象叫作"首因效应"，也叫"第一印象效应"，它是指第一次接触陌生人或事物形成的印象对人们后来的认识起到了先入为主的作用。

更有意思的是，卢钦斯的实验并没有就此中止，他改变了实验条件。首先，告诉参加实验的人不要受第一印象的误导，要全面地进行评价，然后，将描述吉姆不同特征的两段文字隔开呈现。这些人念完第一段文字后就做一些无关的工作，如做数学题、听故事等，然后再将另一段文字呈现给他们。在这种条件下，大部分人都会根据后面一段的描述对吉姆进行判断。也就是说，总体印象形成过程中，新近获得的信息比原来获得的信息影响更大，这个现象就叫"近因效应"。一般地，对于陌生人，首因效应的作用比较大；对于熟悉的人，近因效应的作用比较大。

二、社会知觉偏差与首因效应、近因效应

人对于外界的认知可分为对物的认知和对人的认知。在物的自然属性尚且固定的情况下，人们对物的认知亦会产生认知偏差，就是心理学所谓的错觉，例如著名的缪勒莱耶错觉、冯特错觉、螺旋错觉等。在社会认知过程中，认知者和被认知者总是处在相互影响和相互作用的状态。因此，在认知他人、形成有关他人印象的过程中，由于认知主体与认知客体及环境因素的作用，社会认知往往会发生这样或那样的偏差。

这些偏差会影响我们对他人印象的形成和交往行为，而以强调社会与个体之间相互作用的社会心理学势必对这些认知偏差进行广泛的研究和讨论。

社会知觉又称"社会认知"，即个体对他人、群体以及对自己的知觉。对他人和群体的知觉是人际知觉，对自己的知觉是自我知觉。此外，对行为原因的认知也属于社会知觉的范围。

首因效应又称"第一印象""初次印象"，指两个素不相识的人第一次见面时所形成的印象。第一印象主要是获得被知觉者的表情、姿态、身材、仪表、服装等方面的印象。第一印象并非总是正确的，但常常是最鲜明、最牢固的，如"首战必胜""新官上任三把火""开门红""下马威"等。

近因效应是指最后给人留下的印象具有强烈的影响，是指新近留下的印象对于认知具有重要的影响力。"士别三日，当刮目相看"。

三、卢钦斯首因效应实验在教学中的应用

课堂教学重演实验过程建议如下：

第一，将学生分成四组，学生阅读故事然后判断故事主人公是外向的还是内向的。

前半段文字是：吉姆走出家门去买文具。他和两个朋友一起走在阳光明媚的街上，边走边晒太阳。吉姆走进文具店，里边挤满了人。他一边等店员来招呼自己，一边和一个熟人交谈起来。买了文具出门时，他又停下来与刚进门的一位同学聊了几句。离开文具店后，他向学校走去，路上遇见了前一晚别人介绍他认识的女孩。吉姆与她谈了一会儿，然后去学校。

后半段文字是：放学后，吉姆单独一人离开教室，出了校门，走上那一段长长的回家的路。吉姆沿着街道一边走，他看见迎面走来的是昨天晚上认识的那位漂亮女孩，但他没有与她打招呼，而是横过马路走进一家餐馆。店里挤满了学生，吉姆看到几张熟悉的面孔。他静静地等着，直到柜台上的人注意到他。他买了饮料，然后找到一张边上的桌子坐下喝饮料，喝完就走回家了。

第一组同学阅读故事的前半段；第二组同学阅读故事的后半段；第三组同学阅读故事的前半段+后半段；第四组同学阅读故事的后半段+前半段。阅读之后，让同学判断吉姆是一个怎样的人。

第二，让学生统计本组结果，引起学生好奇。学生并不知道每组同学所阅内容的顺序不一样，但实验结果是故事主人公一会儿外向一会儿内向，学生觉得很奇怪，也很好玩。

实验结果：第一组98%的同学认为吉姆是一个比较外向的、友好的人；第二组仅有1%的同学认为吉姆是一个比较外向、友好的人；第三组有80%的同学认为吉姆比较外向、比较友好；第四组有45%的同学认为吉姆外向、友好，其他人都认为吉姆较内向、孤独。

第三，介绍卢钦斯实验以及首因效应和近因效应。通过在"做中学"，学生主动思考为什么文字的顺序不同会出现不同的研究结果，真实的感受首因效应，并发现专家的实验不是遥不可及的，其实就发生在我们身边。

第四，引发思考，重视科研。前三组课堂实验的结果与卢钦斯实验的结果非常接近，但第四组课堂实验的结果与卢钦斯实验的结果差距较大。卢钦斯实验第四组中 3%的同学认为吉姆外向、友好，而课堂实验结果是 45% 的同学认为吉姆外向、友好。让学生思考，为什么我们的课堂实验与卢钦斯实验不一致，从而引出不要迷信权威，以及科学研究的跨文化研究法。给学生阅读的故事是翻译版，涉及文化差异和翻译准确性等多种原因。这也启发我们，今后我们在做科学研究借鉴外国资料做调查时要考虑文化差异，并提高研究的信度和效度。

第六章 管理心理学典型实验案例

实验一 Robbers Cave 实验——团体偏见的消失

一、Robbers Cave 实验

作为研究偏见和冲突的经典实验，Robbers Cave 实验至少有一个隐藏的故事。教科书的编写者们在采纳了某一种复述之后，那个著名的故事便在实验后的几十年间一直得到流传。在故事被不断重复之后，人们没过多久就将其视为事实，却忘记了这只是对于那个事件的一种说法，只是对于复杂的一系列研究的一种理解。当学者们追溯 Robbers Cave 实验的时候出现了另一个故事。

（一）冲突和偏见

在这个实验中，21 位 11 岁的小男孩被带到了俄克拉荷马州的 Robbers Cave 州立公园去参加一个夏令营。但他们不知道其实自己是一个实验的被试。在旅行之前孩子们被随机分为两组，正是这两个小组构成了 Sherif 研究两组人之间如何产生偏见和冲突的基础（Sherif et al., 1961）。当孩子们到达的时候，他们住进了单独的小屋，而且在第一个星期，他们并不知道还有另外一组人的存在。在游泳和徒步旅行中他们相互熟悉。两个组都给自己选了名字，并将名字印在自己的衬衫和旗子上：一组叫作老鹰队，另一组叫作响尾蛇队。

（二）相互咒骂

现在两个组已经建立起来了，实验进入第二个阶段。两组人第一次发现了对方，并且不久后组与组之间的冲突以语言上的侮辱形式出现了。

可是相互咒骂还不够，实验者希望大大加剧冲突的程度。为了达到这个目的，他

们让两组人在一系列的竞赛中相互竞争。这渐渐加重了两组人之间的敌意，特别是两个组的所有得分被加在一起，而响尾蛇队最后得到了总分第一的奖杯。他们没有让老鹰队忘记这次失败。

响尾蛇队在球场上插上自己的旗子，将其据为己有。随后两组人开始相互咒骂，还唱着侮辱对方的歌曲。不久后，两组人就拒绝在同一个房间吃饭。

（三）重归于好

两组人之间的冲突被成功激化之后，实验进入了最后的阶段。实验者可以让两组人和好吗？首先，他们尝试组织一些两个组一起参与的活动，例如看一场电影和放鞭炮，不过没有一样管用。

实验者尝试了一个新的办法。他们把孩子们带到了一个新的地方，并对他们提出了一系列需要解决的问题。在第一个问题中，孩子们被告知一些破坏者蓄意袭击了他们的供水系统。在两组人成功合力扫除一个水龙头旁的障碍后，第一粒和平的种子被播下了。

在第二个问题中，两组人需要一起凑钱去看一场电影。他们选定了一部大家都愿意看的电影。在那天晚上，两个组的成员又一次聚在一起吃饭了。

接下来的几天里，孩子们又"意外地"遭遇了更多的问题。关键的一点在于他们都拥有了更高一级的目标：两个组的孩子们一起合作完成涉及他们共同利益的事情。最终，所有的孩子决定坐同一辆大巴回家。他们终于和解了。

（四）团体合作

Sherif从这项研究以及20世纪四五十年代的其他类似研究中得出了一个重要的结论。他认为各个团体自然地发展形成自己的文化、人员身份结构和界限范围。我们可以把这两组孩子想成是微观世界中的两个国家。无论是这两组孩子之间还是两个国家之间，都是从内部结构中产生了冲突的根源。

Sherif的研究如此出名的一个原因在于，它说明了不同团体间如何才能得到和解，和平之树如何才能繁茂。最关键的一点在于对更高一级的、延伸到团体的界线以外的目标的聚焦。似乎这也就是使响尾蛇队和老鹰队和好的原因。

二、团体偏见实验在教学中的应用

课堂教学重演实验过程建议如下：

第一，预设情景——优秀班级评比。

假设两个班级要开展优秀班级评比，同一个年级的两个班是竞争对手，评比规则是每个班的同学相互列举本班的优点、缺点以及另一个班级的优点和缺点。

第二，科学统计。分班级按照列表统计本班所列举的优点和缺点的条目数，以及占总条目数的百分比。

第三，形成结果。以 1801 和 1802 班为例（团体偏见形成），如表 6.1 所示。

表 6.1　实验结果

	1801 自评优点	1801 自评缺点	评 1802 的优点	评 1802 的缺点
条目数	32	16	20	22
百分比	67%	33%	48%	52%
	1802 自评优点	1802 自评缺点	评 1801 的优点	评 1801 的缺点
条目数	30	12	18	20
百分比	71%	29%	47%	53%

第四，团队合作开始，1801 和 1802 可以作为一个团体去争夺优秀集体，对所提出的优点和不足进行改进策略和措施的制定与实施。

第四，引发科研思维。从上面的数据表可以看出，人们更愿意认为自己所在的群体更优秀，而与之竞争的对手不管多优秀，均会认为对方群体不如自己，这也告诉我们在与他人和其他群体进行交流时，将两个不同的群体和集体绑定在同一个目标的时候，他们会克服团体偏见，通过合作达成共同的目标和愿景。

实验二　米尔格拉姆的服从实验

一、实验简介

斯坦利·米尔格拉姆（Stanley Milgram）的著名实验是为了测试对于权威的服从。Milgram 想知道，当被一个权威人物命令去伤害他人的时候，一个人究竟会残酷到什么地步。米尔格拉姆没有去调查极端情况，他希望看看在实验室相对"正常"的环境下人们会有什么反应。当被要求给另一个人实施电击的时候人们会有什么表现？人们会无视自己的忧虑而遵从命令到什么样的程度？

被试所处的实验情境最初比较简单。被试被告知他们参与了一个学习实验，他们执行电击，并且需要持续到实验的最后。他们是"老师"，而另外一个人是"学习者"。他们坐在一台机器前，上面有标着逐渐增大的电压值的刻度盘。这就是"电击器"。上排的第三个电闸贴着"危险：强电击"的标签，之前两个电闸只是标着"×××"。在实验过程中，每当"学习者"犯下一个错误的时候，被试就被命令执行不断增强的电击。当然"学习者"不断地犯错，于是"老师"（可怜的被试）必须持续给"学习者"

越来越强的电击，并且听到惨叫，直至最终"学习者"安静下来。被试实际上并没有释放电击，实验中的"学习者"只是一个按照预演演戏的演员。"学习者"看不到被试，所以他们只能根据自己的假设来装出被试给自己造成的痛苦程度。然而，他们几乎可以肯定，到了实验最后，电击会变得极度痛苦，而"学习者"很可能会不省人事。当被试推诿，不愿实施电击的时候，以身着白色实验服的权威形象出现的实验者会命令他们继续。

二、服从——权威、情景还是环境

为了一个记忆性的学习，你究竟会给另一个人实施多强的电击（至少你认为那是电击）？当你执行了电击迫使"学习者"安静下来之后，你会怎么想？说实话，你会残酷到什么程度？无论你认为自己会残酷到什么程度，你很可能都低估了自己，因为大多数人都低估了自己的残酷。就如同这个实验本身一样，实验结果如同触电一般有冲击力。米尔格拉姆通过研究发现人们比想象中更加愿意服从。63%的被试一直持续到实验的最后——即使在"学习者"痛苦地尖叫，对他求饶，直到最终不省人事的情况下，被试还是执行了所有强度的电击。这些可不是特别挑选出来的有虐待倾向的人，他们都是普通人，而且自愿参加这次研究。

在当时，米尔格拉姆的研究成为大新闻。米尔格拉姆用情境的力量解释了实验结果。米尔格拉姆的实验说明了社会情境可以给人类行为带来的影响程度。

三、服从实验在教学中的应用

课堂教学重演实验过程建议如下。

1．对案例的分析

服从实验表明，情境会影响人的行为，但是实验情境究竟有多么真实？如果是你，当然在某种程度上你会明白那不是真的，你不是真的在给某人施以"电刑"，在研究中这也是不被允许的。而且，人们会找到大量的非语言线索，那个演员究竟需要演得多好才能防止被看穿自己是个演员？即使明知并不是真的，人们还是很善于假装配合。越是了解人类心理学，我们就越了解无意识的力量，无论是情感无意识还是感知无意识。在不被察觉的情况下，它们可以对我们的行为产生巨大的影响。假设在无意识层面上人们并不完全相信这个实验是真的，那么还有另一种解释是可行的。也许米尔格拉姆的研究证明了墨守成规的力量。我们都会受到一种拉力，它让我们想要讨好实验者，融入情境，做别人期待我们去做的事情。虽然这也是对于这个杰出实验的一种有说服力的理解，但它并不是米尔格拉姆当初想要的结果。

2．分析教师教学中服从的影响

借助先前的光环效应，分析教学中教师的权威对教学效果的影响，以及学生对教学的评价如何受到教师权威的影响。

实验三　反馈效应实验

一、实验简介

反馈效应是指及时对活动结果进行评价，能强化活动动机，对工作起促进作用。反馈原来是物理学中的一个概念，心理学借用这一概念，以说明学习者对自己学习结果的了解，而这种对结果的了解又起到了强化作用，促进了学习者更加努力学习，从而提高学习效率。这一心理现象称作"反馈效应"。

下面介绍心理学家赫洛克的反馈效应的心理实验：

赫洛克把被试分成4组，在4个不同诱因的情况下完成任务。第一组为激励组，每次工作后给予鼓励和表扬；第二组为受训组，每次工作后都要针对存在的问题严加批评；第三组为被忽视组，每次工作后不给予任何评价，只让其静静地听其他两组受表扬和挨批评；第四组为控制组，让他们与前三组隔离，且每次工作后也不给予任何评价。

实验结果表明：成绩最差者为第四组（控制组），激励组和受训组的成绩则明显优于被忽视组，而激励组的成绩不断上升，学习积极性高于受训组，受训组的成绩有一定波动。这个实验表明：及时对学习和活动结果进行评价，能强化学习和活动动机，对工作起促进作用。适当激励的效果明显优于批评，而批评的效果比不闻不问的效果好。

在生活中，有反馈（知道学习后的测验成绩）比没有反馈（不知道测验成绩），学习效果要好得多。而且，即时反馈（每天知道测验成绩）比远时反馈（测验成绩要一周后才知道）所产生的效应（激励作用）更大。

这个效应提醒我们，有效的反馈机制是活动目标达成的必要条件。无论是在管理还是在指导活动中，要即时地评定活动效果，及时反馈信息，随时调节活动过程，有针对性地解决疑难问题，不使问题堆积。

在反馈时，要正确运用鼓励和批评。鼓励很重要，但不能夸大其词；批评要及时、慎重，不能讥笑和嘲讽。要使鼓励和批评收到实效，关键是理解和尊重，对症下药。

后来，心理学家布朗通过实验对反馈效应进行了进一步的研究，结果表明，反馈主体和方式的不同对学习和工作的促进作用也不同。一般来说，自己进行的主动反馈要优于别人的反馈。

二、实验结论

一是在学习过程中，我们一定要及时地进行自我反馈，避免毫无目的的学习和不知道自己的学习结果的学习方式。

二是重视别人所做的评价，认真总结自己的优缺点，从而明确自己的努力方向。

三是正确对待自己的进步，成功时不骄傲，仍坚持继续努力；进展不理想时不要丧失信心，决心迎头赶上

三、反馈效应实验在教学中的运用

反馈效应实验课堂教学可引导学生得出如下推论。

（一）反馈是企业留住人才的有效路径

及时反馈员工的表现，员工也会进步。管理者应了解员工的需求，表达对于员工的重视，尽快给员工意见反馈。忽视反馈，员工会心灰意冷。定期对员工的表现进行点评，会让员工觉得被重视，提高员工的工作能力。设立发言平台，听取员工的意见，当场解决能解决的问题，事后反馈，这样会让员工感觉被认可，员工工作起来才会更有激情。

（二）反馈有其方法和艺术

反馈是学习之路、发展之路、求变之路。我们不要把反馈当成解决一个问题来看待，而要把反馈当作一个契机，从中总结经验教训、不断学习。我们还要鼓励这样一种反馈机制或者系统的存在，在这样一个包容的环境里，不光是个人，组织也会得到发展。

（三）与强化理论进行有效的结合

在巴甫洛夫经典条件反射中，强化指伴随条件刺激物之后的无条件刺激的呈现，是一个行为前的、自然的、被动的、特定的过程。在桑代克的试误理论中，强化的思想充分体现在效果律——凡在一定情境中引起满意之感的动作就会和该情景发生联系，如果再遇到此情景，这一动作会比以前更容易出现。在斯金纳的操作条件反射中，强化是指伴随于行为之后且有助于该行为重复出现的概率增加的事件。

强化理论是美国心理学家和行为科学家斯金纳提出的一种理论。斯金纳是新行为

主义心理学的创始人之一，他认为人或动物为了达到某种目的，会采取一定的行为作用于环境。当这种行为的后果对他有利时，这种行为就会在以后重复出现；不利时，这种行为就减弱或消失。人们可以用这种正强化或负强化的办法来影响行为的后果，从而修正其行为，这就是强化理论，也叫作"行为修正理论"。

1．塑造新行为

斯金纳认为"教育就是塑造行为"。所谓塑造，就是通过小步反馈帮助学生达到目标，即不断地强化所要塑造的行为，直到引出所需要的新行为。但要注意的是：学生必须在他们能力所及的行为范围内得到强化，同时这些行为又必须向新的行为延伸。

2．行为矫正

斯金纳把他的强化理论成功地运用于对儿童不良行为的矫正工作。认为只要成人注意，不论何时何地以何种方式都不去强化儿童的不良行为，那么，这种不良行为就能得到矫正。比如，一个孩子总是不好好吃饭，要家长追着喂或总是饭前饭后要零食吃。如果家长在他不吃饭时不管他，饭前饭后也不给零食吃，每天总是按时进餐，那么，孩子受饥饿的驱使，就不得不按时好好地就餐了。

3．程序教学

斯金纳提出程序教学。在这种教学方式中将知识学习细分为一系列过程，第二个过程的复杂程度都深于上一个过程，每一次学习的知识量都是比较合适的。依照这种安排，学生每次学习的量不大，学习由易到难，学习内容环环相扣，这样循序渐进使得学生学习起来不会出现过多的困惑，对于和学习材料对应的各种问题（按照复杂程度的顺序编排），学生做出正确反应的概率也会比较高，这样下去就可以逐步强化复杂的反应。

4．普雷马克原理

普雷马克原理，即用高频的活动作为低频活动的强化物，或者说用学生喜爱的活动去强化学生参与不喜爱的活动。如"你吃完这些青菜，就可以去玩。"如果一个儿童喜欢做航空模型而不喜欢阅读，可以让学生完成一定的阅读之后去做模型等。

5．合理运用强化程式

连续程式的强化在教新反应时最为有效。间隔式强化比起连续程式具有较高的反应率和较低的消退率。由于定时距式有一个时间差，随之以较低的反应率，但在时间间隔的末了反应率上升，出现一种扇贝效应。学生在期终考试前临时抱佛脚就证明了这一点。定比率式对稳定的反应率比较有益；变比率式则对维持稳定和高反应率最为有效。

将及时反馈实验与普通心理学所学的强化理论相结合，学生就能系统地掌握管理心理学中的员工激励理论。

实验四　损失厌恶效应

一、损失厌恶实验

丹尼尔·卡尼曼（Daniel Kahneman）曾经设计了一个掷硬币的实验，硬币是均质的。如果是正面，你将得到 150 美元；如果是背面，你将输掉 100 美元。这个赌局对于参与者来说，长期下注的话，肯定是稳赚不赔的，毕竟输赢概率相同，赢的收益大于输的损失。但是实验结果却是，大多数人拒绝了这个赌局。因为对于多数人来说，损失 100 美元的痛苦远远大于得到 150 美元的快乐。那么最少收益多少，快乐才能弥补普通人失去 100 美元的痛苦呢？答案是 200 美元。人对痛苦是更敏感的。对于多数人来说，对于不确定的结果，必须要得到至少 2 倍于风险的担保。这就是一个重要的心理学效应，叫作"损失厌恶"（或"损失规避"）效应：人们面对损失时的痛苦感要大大超过面对获得时的快感。所以人们总喜欢获得而害怕失去。

例如，×国发生突发事件，600 人生命处于威胁之中。你不得不面临这样一个难题：

实施方案甲，200 人能得救。

实施方案乙，有三分之一的机会救出全部 600 人，三分之二的机会失败（600 人全部丧生）。

您会怎么选？

对于一个不回避风险或追逐风险的人，甲、乙方案差不多，但是我们知道人们不喜欢风险，所以大多数人会选方案甲。同样的问题，换个表述方式

×国发生突发事件，600 人生命处于威胁之中。您不得不面临这样一个难题：

实施方案丙，400 人丧生。

实施方案丁，有三分之一的机会没人丧生，三分之二的机会 600 人全部丧生。

同样的问题，人们普遍选择丁。

可见，人们天生厌恶损失，或者损失的变大方式，当用一些间接的方式表达出来时，如损失换成不损失，那么人们更愿意选择非损失的表达方式。

二、相关知识点

第一，人们天生厌恶损失。

第二，相比损失，人们更愿意获得。

第三，用不同的语言来表达损失时，人们会回避损失的表达方法。

三、反馈效应实验在教学中的运用

（1）做一道选择题。

如果有一笔 50 元的奖金，你有以下两个选择，你会选择哪一个？

A. 赌一把，有 40% 的机会可以把 50 元都拿走，60% 的机会一分钱都拿不到；

B. 不赌，直接拿走 20 元。

人们较大概率会选择 B。

实际上，有人做过一个心理学实验，实验结果是 58% 的人选择直接拿走 20 元，只有 42% 的人选择冒险。

好，如果你刚才的选择是 B，那再做一道选择题：

A. 赌一把，有 40% 的机会可以把 50 元都拿走，60% 的机会一分钱都拿不到。

B. 第二个选择是不赌，直接损失 30 元。

我猜这次你较大概率选择 A。

实验结果表明，把第二个选择换个等价的说法——"直接损失 30 元"，尽管实际条件完全不变，却有高达 62% 的人选择冒险选项 A。

（2）通过这个实验，学生们理解了什么叫作"损失厌恶"，并能尝试列举生活中究竟有多少损失厌恶的事，如解释逃课。

（3）该实验与行为经济学紧密相关，可引导学生学习行为经济学中的框架效应、沉没成本、心理账户等理论。

第七章　人格心理学典型实验案例

实验一　卡特尔 16 种人格特征（16PF）量表

一、实验简介

卡特尔 16 种个性因素测验是由美国心理学家卡特尔（R.B.Cattell）编制的。他认为人的个性是由许多特性所构成的，由于各种特性在一个身上的不同组合，构成了一个不同于他人的独特性个性。他把人的个性分为"表面特性"和"根源特质"，所谓表面特性是指一个人经常发生的、可以从外部观察到的行为；而根源特质则是制约着表面特性的潜在基础。为了测量这些根源特质，他首先从各种字典和有关心理学、精神病学的文献中找出约 4500 个用来描述人类行为的词汇，从中选定 171 项特质名称，让大学生应用这些名称对同学进行行为评定，因素分析后最终得到 16 种人格特质。卡特尔认为这 16 种特质代表着人格组织的基本构成，称为"16 种个性因素"，然后他又根据此编制了专门的量表来测量这 16 种特质，这就是卡特尔 16 种个性因素测验。

二、16PF 量表在实践中的应用

一般的人格测验仅测量少数几种人格特性，而且多偏重于病态的心理，少数的称为"多元性的人格测验"，却常是编制者凭借主观见解构造的，缺乏客观事实的根据。十六种人格因素的独特性及其意义是经过因素分析统计法、系统观察法及科学实验法慎重决定的。在卡氏的指导下，伊利诺伊州立大学人格及能力测验研究所先后发表许多藉抽选十六种人格因素测验中不同的有关因素而拟订的测量内外向型、焦虑型、果断型、安详型或创造型等计算公式。从事教育辅导、临床诊疗和工商人事管理等工作的人都能就个人及情景的需要进行测验，以增加他们对于学生、病人和人才的了

140

解，发挥工作的效能。采用此测验者都一致同意十六种人格因素测验乃是具有效度和信度的测量工具。

（一）用于心理障碍、心身疾病的预防、诊断、治疗

对心理障碍及心身疾病的治疗必须以正确的诊断为前提，正确的病因了解和正确的诊断又都必须以可靠的资料为依据。16PF 是了解心理障碍的个性原因、心因性疾病诊断资料的重要方法之一。卡氏经过多年的实验研究，在分析了大量资料的基础上，拟订出了"各种生活问题患者的 16PF 轮廓型"。后来，为加强 16PF 在临床使用上的作用，又增加了 12 个病理性的临床分析问卷。

（二）用于人才选拔和培养

个性和职业之间的相符性或适合性愈高，则事业的成功希望就愈大。不同的职业需要不同个性特点的人去做，个性特点适应其工作需要时，才能充分发挥人的作用。如从事外交、文艺、推销、采购、宣传等工作的人需要有较高的乐群外向性（高"A"）。要发挥每一个人的特长，就必须因材施用。既要做好现职工作，又要纠正自身个性中不足的方面，了解和掌握一个人的个性特点非常重要。如科学家、战斗机飞行员等需要较高的特强性（即高"E"），而大学教授对此项因素的要求则较低；另外，战斗机飞行员、国际赛事的竞技者需要有较高的情绪稳定性（即高"C"）。卡氏在多年实践中，拟定了各种就业者 16PF 轮廓型、各种行为特征及其类型的演算公式，如能结合实际加以修订，可以为人才培养和选拔做出贡献。

三、16PF 量表在教学中的应用

学生每人为 1 组，每人都领取标准化 16PF 问卷一套。教师作为主试宣读指导语，学生根据指导语完成 16PF 所有问题。所有学生完成后开始下一步操作。

教师指导学生在未记分前，应先检查答案有无明显错误及遗漏，错误则必须重测，遗漏则由记分者代为填答，选折中答案，即 b 答案。倘若遗漏太多，则必须重测。

给学生发放 16PF 量表的计分说明。介绍原始分和标准分计分方式。原始分是个人量表实际得分，一般采用模板计分，模板有两张，每张可为 8 个量表计分，根据原始分数和标准差求标准分数。每一个测验各有 a、b、c 三个答案，分别得 0 分、1 分、2 分不等，因素 B 量表测验每题答对者 1 分，不对者 0 分。测验附有两张记分纸，每张有八个因素量表的标准计分。将受测者的个人答卷纸上的答案与此对照，计算出每个人在某一因素量表所得原始分的总分并记录在答案纸各因素的空格内。然后，根据受测者的年龄查常模表，将各因素的原始分数转换成量表分，得到关于个性的剖析图。

向学生介绍 16F 量表二元因素的计算，16PF 不但能够明确描绘出 16 种基本的人格特征，还可以根据实验结果所得的公式推算出许多种可以形容人格类型的二元因素（也叫"次元因素"），这些次级人格因素并不直接用原始分推算，而是由几个有关的基本因素的标准分，经过数量权衡，连同指定常数相加而成。常数和均衡数量的多少是由卡特尔根据多年的研究通过统计分析的结果所获得的。

向学生提供各维度介绍与高低分倾向的基本解释，学生根据自评所得个性剖析图撰写自己的人格特征评估报告。

学生根据 16PF 量表的自评过程，完整体验该人格测评工具的标准化实施流程，并可在此回顾心理测量学中对原始分和标准分以及次级因素的计算要求与标准；同时引发思考，根据自评结果，加深内省，充分了解自己的人格特性，教师可进一步向职业规划延伸，带领学生通过学生获得的人格特征评估报告，开展人—职匹配的讨论。

实验二　艾森克 EPQ 人格量表

一、实验简介

艾森克个性问卷分为成人版和儿童版两种，分别调查 16 岁以上成人和 7 至 15 岁儿童的个性类型。艾森克个性问卷是英国伦敦大学 H. J. Eysenck 教授及其夫人 Sybil B.G.Eysenck 博士在 H. J. Eysenck 先前几个性调查表的基础上发展出来的。首先是 Maudstey 医学问卷，有 40 个项目，主要调查神经质（N 量表）；其次是个性调查表（简称 MPI），由 E 量表和 N 量表所组成；1964 年，在上述 N 量表和 E 量表基础上再加上 L 量表组成艾森克个性调查目录（EPI）。1975 年，再加入 P 量表，成为现在的艾森克个性问卷（EPQ）。EPQ 由 P、E、N 和 L 四个量表组成，主要调查内外倾（E）、神经质或情绪的稳定性（N）、精神质（P）三个个性维度。他认为个性可分析出三个维，这就是艾森克的多维个性论。

二、艾森克人格理论与生理机制

内外向个性维首先是荣格提出的，是从精神动力学出发，按力比多表现方式来分的。艾森克只采用了此名称，却以实验室和临床依据为基础来分类。他认为 E 维因素与中枢神经系统的兴奋、抑制的强度密切相关，艾森克认为外向与内向的差异的主要原因是皮层兴奋水平问题，这主要是遗传的，而不是后天习得的。大量的研究表明认知、行为和对反应的生理学测量与内外向的相关性。总之，艾森克关于内向比外向的人反应性更高（阈值低）得到了验证。

N 维因素与植物性神经的不稳定性密切相关。自主神经系统是支配内脏器官的平滑肌、心肌和腺体的神经。主要分布于内脏、血管、心脏、腺体以及其他平滑肌。根据其形态、功能的不同，又分为交感神经和副交感神经两部分。由于自主神经系统对诸如恐惧、焦虑等情绪有调控作用，艾森克把自主神经系统看作是神经质的神经生物学基础。

艾森克认为遗传不仅对 E 和 N 因素有强烈影响，而且也与 P 维因素有关。P 量表发展较晚，其中的项目是根据正常人和病人具有的特质经过筛选而来的，不及 E 和 N 量表成熟。L 量表是测验受测者的"掩饰"倾向，即不真实的回答。同时也有测量受测者的淳朴性的作用。它没有划分有无掩饰的确切标准，要看所测样本的一般水平以及受测者的年龄。一般来说，成人的 L 分因年龄而升高，儿童的 L 分则因年龄而降低。

在 E 维中，极端内向和极端外向之间有各种程度的移行状态。实际生活中，多数人均属于两极端之间，或倾向内向或外向。外向或内向的人，又有情绪稳定或不稳定之分。N 维也如 E 维一样，是从情绪极端稳定到极不稳定两级。如果以 E 维为 X 轴，N 维为 Y 轴，交叉成十字，在外画一圆，在圆周上的各移行点成为具有各种不同程度的 E 和 N 特点的人。

艾克森始终坚信 E、N、P 都具有有力的生物学决定因素，他估计这 3 个人格维度的全部变异约有 3/4 来自遗传因素，而大约 1/4 来自环境因素。艾森克引用 3 条说明人格生物学因素的证据。

三、EPQ 量表在教学中的应用

第一，学生每人为 1 组，每人都领取标准化 EPQ（成人）问卷一套。教师作为主试宣读指导语，学生根据指导语开始完成 16PF 所有问题。所有学生完成后，开始下一步操作。

第二，教师指导学生在未记分前应先检查答案有无明显错误及遗漏，错误则必须重测，倘若遗漏太多，则必须重测。

第三，给学生发放 EPQ 量表的计分说明。介绍原始分和标准分计分方式。艾森克个性问卷（EPQ）成人版和儿童版均采用"是"或"否"回答方式。回答"是"计 1 分，回答"否"计 0 分或不计分。反向计分条目，回答是"是"计 0 分或不计分，回答"否"计 1 分。每个分量表的题目数即为该分量表的最高的分数。没有或绝少有人得最高分，同样也没有或绝少得 0 分的。大多数在 0 和最高分之间。

第四，指导学生对分数进行解释，解释采用两种量表剖析图相结合进行。（1）制作仿 MMPI 个性问卷剖析图。在各量表位置注明 T 分度，画出区分中间（实线）和倾向（虚线）各范围的界线。（2）为了说明量表的相互关系，这里还将 E 和 N 另做一剖析图 2，X 轴为 E 维度，Y 轴为 N 维度，于 T=50 处垂直相交，划分四象限，即内向、稳定；内向、不稳定；外向、稳定；外向、不稳定。同时画有中间（实线）和倾向（虚线）的界线。得知某人的 E 分和 N 分后，在此剖析图可找到 E 和 N 的交点（EN 点），便得知受测者性格特点。该剖析图还可与四种气质类型量表结合使用。

第五，向学生提供各维度介绍与高低分倾向的基本解释，学生根据自评得到个性剖析图，撰写自己的人格特征评估报告。

第六，学生根据 EPQ 量表的自评过程，完整体验该人格测评工具的标准化实施流程，并可在此回顾心理测量学中对原始分和标准分（以及常模转换）的计算要求与标准；同时引发思考，根据自评结果，加深内省，充分了解自己的人格特性。

实验三　陈会昌气质问卷

一、实验简介

陈会昌气质量表可以大致确定一个人的气质类型，目前广泛应用于心理咨询、就业咨询与就业指导、人才评价以及教育学等领域的科学研究方面。该问卷将人的气质分为胆汁质、多血质、黏液质和抑郁质四种类型。

二、气质与性格的差异

气质是人的个性心理特征之一，它是指在人的认识、情感、言语、行动中，心理活动发生时力量的强弱、变化的快慢和均衡程度等稳定的动力特征。主要表现在情绪体验的快慢、强弱，表现的隐显以及动作的灵敏或迟钝方面，因而它为人的全部心理活动表现染上了一层浓厚的色彩。气质在社会所表现的，是一个人从内到外的一种内在的人格魅力然后所发挥的一个人内在魅力的质量的升华。所指的人格魅力有很多的，例如，有的人心理活动很强烈，而有的人则微弱；有的人心理活动迅速，而有的则缓慢；有的人心理活动稳定，而有的人则不稳定；有的人心理活动转变灵活，而有的则转变迟缓；有的人心理活动极易表露于外，而有的人则不动声色。人的气质虽然表现在所有的心理活动中，但在情感和情绪这类心理活动中表现得特别鲜明，最易为人所觉察。比如，有的人情感和情绪产生的迅速进行得猛烈而易于变化，而且喜怒形之于色；而有的人情感和情绪则产生缓慢，进行得稳定而不那么多变，并且不易外显。

性格是一个人对现实的稳定的态度，以及与这种态度相应的，习惯化了的行为方式中表现出来的人格特征。性格一经形成便比较稳定，但是并非一成不变，而是具有可塑性的。性格不同于气质，更多体现了人格的社会属性，个体之间的人格差异的核心是性格的差异。

三、陈会昌气质问卷在教学中的应用

（1）学生每人为1组，每人都领取标准化陈会昌气质问卷一套。教师作为主试宣读指导语，学生根据指导语完成所有问题。所有学生完成后便开始下一步操作。

（2）教师指导学生在未记分前应先检查答案有无明显错误及遗漏，错误则必须重测，倘若遗漏太多，则必须重测。

（3）给学生发放量表的计分说明。陈会昌气质测试60题，胆汁质、多血质、黏液质和抑郁质各占15题，题目采用5点评分法，受测者根据自己的情况从1分到5分进行自评。1 = 非常不符合，2 = 有些不符合，3 = 介于符合与不符合之间，4 = 有些符合，5 = 非常符合。非常符合记2分，比较符合记1分，介于符合与不符合之间记0分，有些不符合记 – 1分，非常不符合记 – 2分。每个被试答卷后都有4个总分——胆汁质得分、多血质得分、黏液质得分和抑郁质得分，每个总分数最高分为 30分。

凡个人某气质得分高于其他三类气质得分5分以上的，即为统计上有显著差异，则该气质为某受测者的典型气质。如果某人有两类气质得分之差不超过5分，而这两个分数均高于另两个得分5分以上，则为前两类气质的混合型。照此方法，还可确定三种气质、四种气质的混合型。

第一，如果某一项或两项的得分超过20，则为典型的该气质。例如胆汁质项得分超过20，则为典型胆汁质；黏液质和抑郁质项得分都超过20分，则为典型黏液—抑郁质混合型。

第二，如果某一项或两项以上得分在20以下、10以上，其他各项得分较低，则为该项一般气质。例如一般多血质、一般胆汁—多血质混合型。

第三，假若各项得分都在10分以下但某项或几项得分较其余项高（相差5分以上），则为略倾向于该气质（或几项混合）。例如略偏黏液质型、多血质—胆汁质混合型。

其余类推。

一般来说，正分值越高，表明被试越具有该项气质的典型特征；反之，分值越低，表明越不具备该项特征。

（4）向学生提供各维度介绍与高低分倾向的基本解释，学生根据自评得到个性剖析图，撰写自己的气质类型评估报告。

（5）学生根据气质问卷的自评过程，完整体验该人格测评工具的标准化实施流程，并可比较类别变量型和连续变量型两种不同人格测评工具计分与评价上的差异；同时引发思考，根据自评结果，加深内省，充分了解自己的气质特性。

实验四　自尊量表（SES）

一、实验简介

自尊是指一个人对自身价值的评判以及对自我接纳的程度。每个人的自尊水平不尽相同，有些人自我评价很高、很接纳自己现在的状态，那么他/她表现出来的自尊水平就比较高，反之则低。"自尊量表"由美国心理学家开发，最初是设计用以评定青少年关于自我价值和自我接纳的总体感受。SES由10个条目组成，5个正向计分5个反向计分。设计中充分考虑了测定的方便。受测者直接报告这些描述是否符合他们自己。量表分为四级评分，1表示非常符合，2表示符合，3表示不符合，4表示很不符合。量表总分的分值范围为10~40分，分数越高代表自尊水平越高。

信度：Dobson（1979）和Fleming等（1984）人报告的克朗巴哈系数分别为0.77和0.88；对28名被试首次评定后的2周末再评定，重测相关系数为0.85（Siber & Tippett，1965年）。Fleming等人（1984）对259名受试者1周后的重测相关系数为0.82。

效度：Lorr及Wunderlich（1986）报告SES得分与信心的相关系数为0.65，与合群性的相关系数为0.39。Fleming等（1984）人证明SES与几个涉及自我评价过低的概念呈负相关。

二、自尊的评定

自尊是一个很流行也很重要的概念。按一般观点，自尊是人们赞赏、重视、喜欢自己的程度，而在社会科学中，自尊是一个可以被定量的假定概念，它是人们对自己的价值、长处、重要性总体的情感上的评价。同时也是自尊评定的理论基础，即评价一个人对自己的态度能反映出该对象的自尊程度。

自尊在心理学上的重要性已为人们所接受，而且普遍认为自尊与个性相似，自尊的水平在每个人身上是长期恒定的，但对如何评价它却意见不一。概念和方法学上的问题都给有效的评定自尊造成了困难。首先，自尊的含义在日常生活和专业术语中有所不同；其次，大家对自尊所包括的范围的认识也不同。从理论角度做更深层次的探讨，自尊被认为是从觉察到的实际和理想上的自我的不一致中产生的，更有甚者，自尊被看作是人们对理想和实际的自己间差别的一种态度。

有些人更注重自尊的适应性和自我保护功能。例如过分自尊被假定能保护个体免受环境中的刺激，甚至免受面临死亡时的恐惧。

鉴于自尊的极端主观的特性，它几乎只能靠自我报告来评定。事实上，也很难想出能直接评定自尊的行为或心理学方法。不同的理论研究及各种自尊评定的研究产生了不同的评定方法。我们也同意，直接的、自我报告的途径更加实用。

另一个问题是评定的特异性。例如，有人赞成全面的自我评定，还有人则认为更有针对性的评定效果更好。建议研究者在选择评定自尊的方法时，既要考虑到它在理论上可靠，又要考虑到其使用中的敏感性。方法学上的另一个问题，即社会对高自尊的期望态度。社会希望个人表现出较高的自尊，因此测定对象会在评定中夸大自尊的分值。为解决这一问题，Demo（1985年）建议由观察者评定"表现的自尊"，以补充个体自我评定的"体验的自尊"。一般推测，测验对象在同伴及受训过的观察者前表现出的言语或非言语性行为，要比他们对自我报告条目的反应较少受社会期望效果的干扰。然而，这些解决方法在评定中可能会比自我报告更易受到其他混杂因素的影响。表现较高的自尊可以用来防御性避免对自己的威胁，如失败或社会的排斥，这一点也应引起研究者的注意。

三、自尊量表（SES）在教学中的应用

第一，学生每人为1组，每人都领取标准化 SES 问卷一套。教师作为主试宣读指导语，学生根据指导语完成所有问题。所有学生完成后便开始下一步操作。

第二，教师指导学生在未记分前应先检查答案有无明显错误及遗漏，错误则必须重测，倘若遗漏太多，则必须重测。

第三，给学生发放量表的计分说明。该量表由 10 个条目组成，设计中充分考虑了测定的方便。被试直接报告这些描述是否符合他们的情况。分四级评分，1 表示非常符合，2 表示符合，3 表示不符合，4 表示很不符合。总分范围是 10~40 分，分值越高，自尊程度越高。

第四，向学生提供自尊问卷介绍与高低分倾向的基本解释，学生根据自评得到自尊得分，并撰写自己的外显自尊评估报告。

第五，学生根据问卷的自评过程，可延伸收集自尊相关的评估工具，如成就动机问卷等，并进行相应的比较。同时引发思考，回顾外显自尊与内隐自尊的关系，并充分讨论外显自尊的影响因素。

第八章　发展心理学典型实验案例

实验一　视崖实验

一、实验简介

视崖实验设计的要点是排除过去经验对被试的影响，如果在排除过去经验的情况下，被试的结果和未排除时一样，那么即可证明知觉无须以往经验的支持，证明深度知觉和避免从高处跌落的能力是自动生成的，而非经验的产物。装置的中央有一个能容纳会爬的婴儿的平台，平台两边覆盖着厚玻璃。平台与两边厚玻璃上铺着同样黑白相间的格子布料。一边的布料与玻璃紧贴，不造成深度，形成"浅滩"；另一边的布料与玻璃相隔一定的距离，造成深度，形成"悬崖"。

吉布森和沃克（Gibson & Walk，1961）对 36 名 6.5 ~ 14 个月会爬的婴儿进行了视崖测试，结果表明：有足够大的视崖深度时（大约 90 cm 或更多），只有不到 10%（3 名）的婴儿会越过悬崖爬向母亲，而有 27 名婴儿从中间爬向浅滩。当深侧的方格图案距离玻璃板越来越近时，就有越来越多的婴儿爬过深滩；当视崖深度是 26 cm 时，有 38% 的婴儿爬过深滩；而 1 m 时只有 8%（主要是年龄较大的婴儿）。

二、深度知觉是后天习得的还是天生的？

如果你想找到动物或人在发展过程中获得深度知觉的关键点，一种方法是把他们放在悬崖边上，看他们能否使自己不掉下去。这个建议十分可笑，因为从理论上说，这可能伤害到无法知觉深度（特别是高度）的被试。"视崖"则解决了这个问题，因为它能造成视觉上的视崖，而实际上并没有真正的悬崖存在。这种装置的重要意义在于，可以把婴儿或小动物放在视崖上，观察他们是否能知觉这种悬崖并进行躲避。如果他们不能这样做，并从"悬崖"上跌下来，他们也并没有真正落下的危险。

吉布森和沃克持"先天论"的观点，他们相信深度知觉和避免从高处跌落的能力是自动生成的，是我们生理机制的一部分，它们不是经验的产物。经验主义者持相反的观点，认为这种能力是在学习中得到的。吉布森和沃克的视崖允许他们提出这样的问题：人或动物在发展的哪个阶段才能对深度和高度刺激做出有效的反应？对不同种类和生存环境不同的动物，这种反映出现的时间是否相同？

在研究中，9名婴儿拒绝离开中间板。虽然研究者没有解释这个问题，但这可能是因为婴儿太过固执。当另外27位母亲在浅的一侧呼唤他们时，只有3名婴儿非常犹豫地爬过视崖的边缘。当母亲从视崖的深渊呼唤孩子时，大部分婴儿拒绝穿过视崖，他们远离母亲爬向浅的一侧；或因为不能够到母亲而大哭起来。婴儿已经意识到视崖深度的存在，这一点几乎是毫无疑问的。"通常他们能透过深的一侧玻璃注视下面的深渊，然后再爬向浅滩。一些婴儿用手拍打玻璃，虽然这种触觉使他们确信玻璃的坚固，但还是拒绝爬过去。"

这些研究结果能证明人类知觉深度的能力是天生的而不是后天习得的吗？明显不能！这是因为这项研究中所有婴儿至少已经有了6个月的生活经历，在这段时间内，他们可能通过尝试和错误而学会了知觉深度。然而6个月以下的婴儿由于不具备自主运动的能力，所以不能接受试验。这也是吉布森和沃克用各种动物作为实验参照的原因。众所周知，大部分动物获得自主运动的能力比人类婴儿要早得多。动物测试的结果很有趣——不同种类动物知觉深度能力的发展与它们的生存需要有关。

例如，小鸟出壳后就必须马上开始自己觅食。当研究者把出生不足24小时的小鸡放在视崖上接受测试时，它们从不会犯跌下深渊的错误。小山羊和小绵羊在出生后很快就可以站立、行走。从能站立的那一刻起，它们对视崖的反映和小鸡一样准确而可预测，一次错误也没有。当研究者把一只出生仅一天的小山羊放在深的一侧玻璃板上时，它变得惊恐呆滞，表现出防御性姿态。随后，如果把它推向浅的一侧，它变得轻松自在，并跳上看似坚实的表面。这说明视觉起着完全的控制作用，动物虽然能感觉到在深一侧上面有坚实的玻璃，但这种感觉没能影响它们的反应。而对于小老鼠则是另一回事了。它们对浅滩没有表现出明显的偏好。这是为什么呢？吉布森和沃克的解释是小老鼠对视觉的依赖性不大。实际上，它们的视觉系统不够发达。它们在夜间活动，因而它们靠嗅觉寻找食物，在黑暗中运动时靠鼻子上的触须感知物体。所以当一只小老鼠被放在中间地带时，它不被视崖所欺骗，因为它不是用视觉来决定走哪条路的。对小老鼠的触须而言，深侧和浅侧的玻璃在感觉上没有区别，所以小老鼠离开中间地带走向深测的概率与浅侧相同。

值得一提的是，在视崖测试上成绩最差的动物是海龟。研究者选择的海龟是水栖类生物，因为研究者猜测由于海龟自然生活的环境是水，它们可能更喜欢深的一侧。然而，事实证明，聪明的海龟知道它们并不是真的在水里，它们中76%都爬到浅的一侧，但是也有24%的小海龟"越过边界"；数量相对较多的小海龟选择了深测。结果表明这种海龟的深度知觉能力比其他动物要差，也可能是它的自然生活环境使它较少"害怕"跌落的状态。很明显，如果你生活在水中，在防止跌落方面，深度知觉能力对于你生存的价值将会减小。

吉布森和沃克指出，他们所有的观察结果和进化论完全一致。也就是说，所有种类的动物，如果它们要生存，就必须在能够独立行动时发展感知深度能力。对人类来说，这种能力到 6 个月左右才会出现；但是对于鸡、羊来说，这种能力几乎是出生（一天之内）就出现了；而对于老鼠、猫和狗来说，大约在 4 周时出现这种能力。那么，如果说我们在生理上已经具备了足够的能力，为什么仍会有那么多儿童摔跤呢？吉布森和沃克解释说，这是因为婴儿的深度知觉能力比他们的行动技能成熟得早。实验中，许多婴儿在中间带转身时，会借助深侧玻璃转换支撑点，当他们开始转向浅侧爬向母亲时，有的甚至倒在深的一侧。如果那儿没有玻璃，一些婴儿会真的摔下悬崖。

三、视崖实验在教学中的应用

（1）学生每 5 人为 1 组，教师播放实验的录像，让学生观摩整个实验过程。

（2）指导学生观察实验，并回顾实验心理学相关知识，提炼该实验的自变量和因变量，梳理还原实验控制过程，并回答两个核心问题：第一，为什么要选择 6 个月以上的婴儿参与实验？第二，为什么要选择动物进行实验？

（3）启发学生分组讨论，"先天与后天"说还会涉及哪些发展心理学知识点，还有哪些实验也同样是为了检验"先天与后天"争论的。

（4）进行心理学学科素养教育，引导学生树立科学的学科观。

实验二 攻击性行为习得实验

一、实验简介

该实验由阿尔伯特·班杜拉和他的助手多萝西娅·罗斯以及希拉·罗斯于 1961 年在斯坦福大学完成。班杜拉被称为"社会学习理论"心理学派的奠基人之一。社会学习理论家认为：学习是人格发展的主要因素，并且这种学习发生在与他人的相互作用之中，班杜拉认为除直接的鼓励和惩罚之外，行为的塑造还有一种重要的方式，即可以通过简单地观察、模仿其他人的行为而形成。

二、攻击性行为习得的实验流程

（一）实验假设

研究者计划让儿童分别观察两名成人的行为，一名表现出攻击性行为，另一名不表现出攻击性行为，随后在没有榜样出现的新情境中对儿童进行测试，以了解儿童在多大程度上模仿他们观察到的成人的攻击性行为。依照这种实验操作，班杜拉和他的助手们做出了四种预测：

（1）观察了攻击性行为的被试，不论榜样是否在场，都会模仿成人做出类似的攻击性行为，而且这种行为明显不同于观察到非攻击性行为或根本没有榜样的被试。

（2）对于观察到非攻击性行为的儿童，他们的攻击性不仅比观察到攻击性行为的儿童低，而且也明显低于无榜样的控制组儿童。换句话说，非攻击性榜样能起到抑制攻击性行为的作用。

（3）因为儿童倾向于认同父母或与自己同性别的其他成人，被试模仿同性榜样的行为远远超过模仿异性榜样的行为。

（4）很多时候，攻击性行为主要是一种极典型的男性行为，所以男孩比女孩更倾向于模仿攻击性行为，尤其是在给被试呈现男性榜样时差异更明显。

研究者得到了斯坦福大学附属幼儿园的管理人员和教师的支持和帮助，从而获得研究中所需要的被试。参加这项研究的被试由 36 名男孩和 36 名女孩组成，他们的年龄在 3～6 岁，平均年龄为 4 岁零 4 个月。

（二）实验条件

将学生分为观察攻击性榜样的行为组、观察非攻击性榜样的行为组，以及观察异性榜样的行为组。这样最终得到 8 个实验组和一个控制组。你可能会问这样一个问题："如果某些儿童本身就比其他儿童具有攻击性，怎么办？"班杜拉通过事先获得每个被试的攻击性评定等级来克服这种潜在的问题。一名实验者和一名教师对这些儿童的身体攻击、语言攻击和对物体的攻击性行为进行评定，这些评定结果使实验者可以依据平均攻击水平对各组被试进行匹配。

（三）实验程序

每个儿童分别接触不同的实验程序。首先，实验者把一名儿童带入一间活动室。在路上，实验者假装意外地遇到成人榜样，并邀请他"参加一个游戏"。儿童坐在房间的一角，面前的桌子上有很多有趣的东西。如土豆印章和一些贴纸，这些贴纸颜色非常鲜艳，还印有动物和花卉图案，儿童可以把它们贴在一块贴板上。随后，成人榜样被带到房间另一角落的一张桌子前，桌子上有一套儿童拼图玩具、一根木槌和一个 1.5 米高的充气芭比娃娃。实验者解释说这些玩具是给成人榜样玩的，然后便离开了房间。

无论在攻击情境还是在非攻击情境中，榜样一开始都先装配拼图玩具。1 分钟后，攻击性榜样便开始暴力击打芭比娃娃。对于在攻击条件下的所有被试，榜样攻击性行为的顺序是完全一致的："榜样把芭比娃娃放在地上，然后坐在它身上，反复击打它的鼻子。随后，榜样把芭比娃娃竖起来，捡起木槌击打它的头部，然后猛地把它抛向空中，并在房间里踢来踢去。这一攻击性行为按以上顺序重复3次，中间伴有攻击性语言，比如'打它的鼻子…''打倒他…''踢他…'和两句没有攻击性的话，'他还没受够''他真是个顽强的家伙'。"

这样的情况持续将近10分钟，然后实验者回到房间里，与榜样告别后，把孩子带到另一间活动室。

在无攻击性行为的情境中，榜样只是认真地玩10分钟拼图玩具，完全不理芭比娃娃。

（1）愤怒或挫折感的激发。

10分钟的游戏以后，在各种情境中的所有被试都被带到另一个房间，那里有非常吸引人的玩具，如火车模型、飞机模型，以及包括多套衣服和玩具车在内的一套娃娃等。研究者相信，为了测试被试的攻击性反应，使儿童变得愤怒或有挫折感会令这些行为更可能发生。为了实现这种目的，他们先让被试玩这些有吸引力的玩具，不久以后告诉被试这些玩具是为其他儿童准备的，并告诉被试可以到另一间房去玩别的玩具。

（2）检测对攻击性行为的模仿。

在最后的实验房间中有各种具有攻击性和非攻击性的玩具。攻击性玩具包括芭比娃娃、一个木槌、两支标枪和一个上面有人脸的球。非攻击性玩具包括一套茶具、各种蜡笔和纸、一个球、两个娃娃、小汽车和小卡车，以及塑料动物。允许每个被试在这个房间里玩20分钟，在这期间，实验者在单向玻璃后依据多条指标对每个被试行为的攻击性进行评定。

（3）攻击行为的评定指标。

总共评定了被试行为中的八种不同反应，在此我们只概述四种最鲜明的反应。第一，研究者记录所有对榜样的攻击性行为的模仿，包括坐在芭比娃娃身上，击打它的鼻子，用木槌击打它，用脚踢它，把它抛向空中。第二，评定被试对攻击性语言的模仿，记录他重复"打他，打倒他"等的次数。第三，记录被试用木槌进行的其他攻击行为（也就是用木槌击打娃娃以外的其他东西）。第四，用列表的方式列出成人榜样未做出而被试自发做出的身体或语言的攻击行为。

（四）实验结果

研究结果支持了班杜拉和他的助手们在实验前提出的四种假设中的三种。若被试看到榜样的攻击性行为，他们也就倾向于模仿这种行为，男性被试每人平均有38.2次，女性被试平均有12.7次模仿了榜样的身体攻击性行为。此外，男性被试平均17次、女性被试平均15.7次模仿了榜样的言语攻击性行为。这些特定的身体和言语攻击性行为，在无攻击性行为榜样组和控制组几乎没有发现。结果发现，无攻击榜样能对攻击行为产生抑制作用，男孩受有攻击性行为的男性榜样的影响明显超过同样条件下的女性榜样。

（五）讨 论

班杜拉和他的助手们宣称，他们已经证明特定行为（在这里指暴力行为）是怎样通过观察和模仿而习得，即使不给榜样或观察者任何强化物。他们的结论是：成人的行为向儿童传递了这样一个信息，即这种形式的暴力行为是允许的，这样便削弱了儿童对攻击行为的抑制。他们指出，当儿童以后遇到挫折时，他们可能更容易表现出攻击性行为。

研究者同时探讨了为什么具有攻击性的男性榜样对男孩的影响明显大于具有攻击性的女性榜样对女孩的影响。他们解释说，在很多国家，攻击行为被看成是典型的男性行为，而不是女性行为。换句话说，它是一种男性化的行为。

三、攻击性行为习得实验在教学中的应用

（1）学生每5人为1组，教师为学生播放实验录像，让学生观摩整个实验的过程。

（2）指导学生观察实验，并回顾实验心理学相关知识，提炼该实验的自变量和因变量，梳理还原实验控制过程，并回答以下核心问题：第一，该实验是通过哪些变量设置来实现对假设的验证？第二，如何保证实验中对"攻击"的评定客观准确。

（3）启发学生分组讨论，行为主义还有哪些经典实验涉及发展心理学知识点？行为主义的观点存在哪些局限？

（4）进行心理学学科素养教育，引导学生树立科学的学科观。

实验三　恒河猴母爱剥夺实验

一、实验简介

发展心理学家哈罗被公认是弗洛伊德之后在研究早期经验对成年的影响方面做出巨大贡献的心理学家。绝大多数心理学家认为，婴儿与母亲（或者早期看护者）之间的亲密接触以及依恋的经验，对他或她在未来生活中爱的能力以及与他人亲近的能力有很重要的影响。弗洛伊德追随者相信，在生命开始的第一年里，亲密接触主要集中在乳房和本能的口部倾向（口腔期）。后来，行为主义者反对这种观念并认为人的所有行为都与本能需要，如与饥饿、干渴和避免痛苦有关。由于母亲可以满足这种需求，所以婴儿和母亲之间的亲密关系常在母亲喂养婴儿的过程中不断得到强化。因此，母亲与愉快的事件联系在一起，于是爱就产生了。在这两种观点中，爱都是其他本能或生存需要的附属品，然而哈罗却发现，爱和情感可能是与饥饿和干渴一样强烈的基本需要，甚至比它们更强烈。

用以揭示婴儿与母亲之间爱的成分的方法之一就是把婴儿放在一种特殊环境里，在这种环境中母亲满足婴儿的任何需求，同时研究者可对这种环境中的多种成分进行科学的操纵。按照上述理论，我们通过改变母亲满足婴儿基本需要的能力，便能阻止或改变婴儿与母亲之间所形成的具有一定质量和强度的依恋。然而，由于伦理道德的原因，这种实验很显然是不能在人身上实施的。由于哈罗用恒河猴进行学习课题的研究已有好几年了，所以他便以猴子作为被试进行爱与依恋的实验研究。从生理学角度看，恒河猴与人类非常接近。哈罗也相信，恒河猴在婴儿期对情感和接触（如喂养、接触、依附等）的基本反应与人类相同。

二、实验流程

（一）理论假设

在哈罗的早期研究中，幼猴在实验室接受精心的人工抚养，研究者用瓶子小心喂养它们，挑选食物使它们吸收均衡的营养，不受疾病威胁。在这种情况下成长的幼猴比由母猴照顾的幼猴更健康。哈罗注意到这些幼猴非常依恋盖在笼子底部的布垫子（棉花垫子）。当研究者把这些垫子拿去清洗时，它们变得非常生气和焦虑。他还发现一天大的幼猴便能表现出这种依恋，其程度在出生后的最初几个月中会变得越发强烈。很明显，像哈罗所说的那样："对于婴儿而言，无论是人类还是猴子的幼婴，为了生存，他们必须抓住比稻草更多一些的东西。"如果幼猴生活在一个没有软垫覆盖的笼子里，即使它拥有非常好的营养和医疗条件，它也无法茁壮成长。把垫子放进去后，幼猴就变得更加健康，看起来也更加满足、快活。所以，哈罗的理论认为，幼猴除了基本的饥饿、干渴等生理需求外，它们一定还有一种要接触柔软物质的需求。为了验证这个理论，哈罗和他的合作者决定"制作"用于实验的不同类型的母猴。

（二）实验方法

他们制作的第一只代理母猴是这样的：用光滑的木头做身子，用海绵和毛织物把它裹起来；在胸前安装一个奶瓶，身体内还安装一个提供温暖的灯泡。然后他们又组装了另一只不能提供舒适环境的代理母猴。这只母猴是由铁丝网制成的，外形与木制母猴基本相同，以便使幼猴用接近木猴的方式接近它。这只铁丝木猴也安装了能喂奶的"乳房"，且也能提供热量。换句话说，这只铁丝母猴与木制母猴相比，除了在被哈罗称为"接触安慰"的能力方面有差异外，其他方面完全一样。

然后，研究者把这些人造母猴分别放在单独的房间，这些房间与幼猴的笼子相通。8只幼猴被随机分成两组，一组由木制母猴喂养（用奶瓶），另外一组由铁丝母猴喂养，也提供奶。哈罗试图将喂养的作用与接触安慰的作用分离开来。哈罗把猴子放在笼子里，并记下幼猴出生后的 5 个月中它们和两位"母亲"直接接触的时间总量，结果令人惊讶。

在完成了这些最初的研究后，哈罗想进一步详细探索"依恋"及接触安慰的作用。一般来说，当孩子感到害怕时，他们总会到母亲（或者其他早期看护者）那里寻找庇护。为了探寻在这种情境下，与铁丝母猴在一起的幼猴和与木制母猴在一起的幼猴将分别做出何种反应，哈罗在它们的笼子里放入各种各样能引发恐惧的物品，如上紧发条的玩具打鼓熊（这种玩具熊与幼猴一样大，对幼猴而言是很可怕的）。研究者对这些情况下幼猴的反应进行观察，并做了详细记录。

（三）实验结果

在最初的实验中，所有的幼猴与两只代理母猴都接触。其中一半幼猴由木制母猴"喂奶"，另一半则由铁丝母猴"喂奶"，幼猴偏爱由绒布包裹的木制母猴，而且这种偏爱程度趋向于极端，甚至对那些由铁丝母猴喂养的幼猴而言也是如此。母猴是否满足幼猴的饥饿、干渴等生理需求并不是幼猴依恋母猴的主要因素，这与当时流行的观点恰恰相反。接触安慰在幼猴对母猴产生依恋的过程中有重要影响，这一点在实验中得到了清楚的证明。经过几天的调适，无论哪只母猴提供奶，所有的幼猴几乎整天与木制母猴待在一起。甚至是那些由铁丝母猴喂养的幼猴，它们只有在吃奶时才会离开木制母猴，吃完后便迅速地回到木制母猴那里。

分别由木制母猴和铁丝母猴喂养的两组猴子的行为特征进一步证明了接触安慰的重要性。虽然两组猴子食量同样大，体重增长的速度也基本相同，但由铁丝母猴喂养的幼猴对牛奶消化不良，且经常腹泻。这就说明，缺少母亲的接触安慰使幼猴产生了心理上的紧张。

恐惧物体的实验结果进一步证明了幼猴对木制母猴的依恋。每当幼猴发现自己正面对一些害怕的事物时，它们便很快跑向木制母猴，并抱住它以获得安慰和保护。随着幼猴年龄的增长，这种反应变得愈发强烈。另外，无论是铁丝母猴喂养的幼猴，还是木制母猴喂养的幼猴，其反应没有差异：当它们害怕时，都会到绒布包裹的代理母猴那里寻求安全感。

你也许曾注意到，当父亲或母亲在场时，孩子们会感到安全和放心，他们在这种场合下更充满好奇心，更乐意去探索他们周围的环境。通常，他们会探究周围环境中的一切，但其前提是他们必须看到父母亲在场。哈罗的陌生环境或旷场试验就是这样设计的，他要在猴子身上看到类似的行为反应。研究者把幼猴放入陌生的环境后，所有幼猴立即冲向木制母猴，抓住它，用身体蹭它，并摆弄它的脸和身体，一会儿，这些幼猴开始把木制母猴看作安全之源，它们在这个陌生的新环境里探索和摆弄各种物品，然后返回母亲怀里，循环往复。

然而，如果我们把这些幼猴放在同一间房子里，但木制母猴不出现时，它们的反应就完全不同了。它们充满了恐惧，出现情绪化的行为，如哭叫、缩成一团、吸吮手指。有时候，它们会跑向房间里母猴曾出现过的某一特定地方，然后从一个物体跑向另一个物体，尖叫着、哭喊着。在铁丝母猴出现的情况下，幼猴的行为表现与它们在两种母猴都不出现的情况下的表现是完全一样的。所有幼猴都是这样，无论它们是由谁（木制母猴或铁丝母猴）喂养的。

在该研究的最后一部分中，研究者让已过哺乳期、可食用固体食物的幼猴（大概5~6个月大）与母猴接触。当幼猴们在相同的空旷环境中再一次与木制母猴重逢时，它们冲向母猴，爬在它身上，紧紧抓住它，用自己的头和脸在它身上摩擦，然后与母猴玩耍，撕咬包裹在母猴身上的绒布。最明显的变化是幼猴不再像以前那样，离开母猴去探索和玩耍房间里的其他物品。按照哈罗的观点，这说明寻找安全感的需要比探求自然的需要更加强烈。然而，需要指出的是，重聚的时间仅仅持续了大约3分钟，假如我们把这段时间再延长一些，这种探究行为也许还会发生。

（四）讨 论

哈罗指出，接触安慰对幼猴与母猴间依恋关系的发展具有极其重要的作用。事实上，对于幼猴而言，接触安慰在依恋关系的形成中比母猴提供乳汁的能力更重要。

这项研究确实改变了心理科学，其原因之一在于该研究所得结论与当时所流行的行为主义观点背道而驰。行为主义的观点认为，推动母婴发展的动力是喂养行为所导致的强化。然而，正如哈罗所说："作为一个感情变量，早期哺乳行为使婴儿与母亲之间经常发生亲密的身体接触。显然，人是不能仅仅依靠乳汁来生活的。"

毫无疑问，哈罗认为他的研究结果应该被推广到人类。实际上，他已为研究成果的实际应用提供了可能性。哈罗认为，现代社会对家庭的要求越来越高，越来越多的妇女参加工作。这也是那个年代许多人对哈罗的研究给予关注的原因之一。那时的人们普遍认为母亲亲自喂养孩子对孩子的健康成长和情感的发展来说是必不可少的。哈罗认为，成功养育的关键是接触安慰，而不仅仅是妇女的哺乳能力，美国男性也能在养育婴儿方面起到相同的作用。今天，这种观点已为人广泛接受，但在当时，这简直如同一场革命。

三、恒河猴母爱剥夺实验在教学中的应用

恒河猴母爱剥夺实验课堂教学重演过程建议如下。

（1）学生每5人为1组，教师播放恒河猴母爱剥夺实验的录像，学生观摩整个实验的过程。

（2）教师指导学生观察实验，并回顾实验心理学相关知识，提炼该实验的自变量和因变量，梳理还原实验控制过程，并说出该实验的意义。

（3）启发学生分组讨论以下问题：依恋形成的原因？行为主义和精神分析两大学派在对依恋进行分析时存在哪些局限？动物实验中的伦理原则有哪些？

（4）进行心理学学科素养教育，引导学生树立科学的学科观。

实验四　皮亚杰认知理论系列实验

一、实验简介

发展心理学家皮亚杰认为认知发展是一种建构的过程，是在个体与环境的相互作用中实现的，具有四个阶段，每一个阶段有它主要的行为模式，其中每一个阶段都是一个统一的整体，皮亚杰设计了系列实验用于证明认知发展的特点。

感知运动阶段（0~2岁）：仅靠感觉和动作适应外部环境，此阶段实验有"客体的永恒性"实验。

前运算阶段（2~7岁）：一切以自我为中心，认为事物是围着自己转的，自己眼中看到的世界就是别人眼中看到的，此阶段实验有"三山实验"。

具体运算阶段（7~11岁）：思维运算必须有具体的事物支持，可以进行简单抽象思维，具有守恒概念，此阶段实验有"量杯实验"。

形式运算阶段（11~16岁）：能够根据逻辑推理、归纳或演绎方式来解决问题；能够理解符号意义、隐喻和直喻，能做一定的概括；思维具有可逆性、补偿性和灵活性，此阶段实验有"钟摆实验"。

二、皮亚杰认知理论系列实验

（一）三山实验

实验过程：在一个立体沙丘模型上错落摆放了三座山丘。首先，让儿童从前后左右不同方位观察这座模型，然后让儿童看四张从前后左右四个方位所摄的沙丘的照片，让儿童指出和自己站在不同方位的另外一人（实验者或娃娃）所看到的沙丘情景与哪张照片一样。

实验结果：处于前运算阶段的儿童认为，处于任何角度的人看到的内容都跟自己看到的是一样的。

分析：前运算阶段的儿童有以自我为中心的特点，思考问题缺乏逻辑性，只能从自身角度看待问题

（二）守恒实验

实验过程：首先给儿童呈现两杯等量的水（杯子的形状一样），然后当着儿童的面，把这两杯水分别倒入一个高瘦的容器和另一个又矮又胖的容器里，问儿童哪一个杯子的水多（或一样多）。

实验结果：7岁以下的儿童只会根据杯子里水的高低深浅判断水的多少而不考虑杯子的口径；7岁以上的孩子对于这个问题一般都能做出正确的回答，说两个杯子里的水是一样多。

分析：处于具体运算阶段的儿童具备了"守恒概念"，而前运算阶段的儿童只能从一个维度看待问题。

（三）钟摆实验

实验过程：不同长度的绳子被固定在一个横梁上，绳子的尾端可拴上不同重量的重物，实验者向被试演示如何使钟摆摆动（将拴有重物的摆绳拉紧并提至一定的高度，再放下即可）。被试的任务是，通过检验与钟摆摆动有关的四种因素（重物的重量、摆绳被提起的高度、推动摆绳的力量、摆绳的长度），来确定哪一种因素决定钟摆摆动速度。被试有较充分的时间对上述各种因素进行检验。

实验结果：处于具体运算阶段的儿童不能在检验某一因素的时候，控制其他的相关因素。形式运算阶段，青少年才能检验假设，最终获得关于问题的、唯一可能的、具严格的逻辑意义的解释。

分析：到形式运算阶段之后，儿童才具有归纳推理能力，钟摆实验才能够科学地进行验证。钟摆实验标志着儿童认知发展到形式运算阶段。

三、皮亚杰认知理论系列实验在教学中的应用

（1）学生每5人为1组，教师为学生播放皮亚杰认知理论系列实验的录像，学生观摩整个实验的过程。

（2）教师指导学生观察实验，并回顾实验心理学相关知识，提炼该实验的自变量和因变量，梳理还原实验控制过程，并说出皮亚杰认知发展实验的局限。

（3）启发学生分组讨论：如何理解认识发展的阶段性与连续性问题？

（4）进行心理学学科素养教育，引导学生树立科学的学科观。

实验五　柯尔伯格道德发展实验

一、实验简介

在皮亚杰研究的基础上，柯尔伯格提出了自己的理论主张：人类所有的独一无二的道德判断能力是以一种可预测的方式在整个儿童时期逐步形成的。而且他相信，与皮亚杰的智力发展阶段相似，道德准则也存在某种可确定的特定发展阶段。正如柯尔伯格所解释的，"儿童能够内化其父母以及其文化背景的道德价值观，而且只有当他逐渐把这些价值观与他已理解的社会秩序以及他作为一个社会自我的目标联系起来时，儿童才能将上述道德价值观内化为他自己的一部分"（柯尔伯格，1964）。换句话说，儿童必须达到某种智力发展阶段后才能达到一定的道德发展水平。

有了这些想法，柯尔伯格便着手设计一种研究儿童道德判断能力的方法，使用 9 个道德价值上存在冲突的两难故事，让被试在两难推论中做出是非、善恶的判断并说明理由。从中便产生了他那得到广泛认可的道德发展六阶段。

水平 1：前道德水平。

阶段 1：惩罚和服从的定向（以行为的后果作为是非标准）。

阶段 2：朴素的利己主义的定向（以个人需求的满足与否决定事情的好坏）。

水平 2：习俗角色遵从的道德。

阶段 3：好孩子定向（取悦别人的就是好的）。

阶段 4：维护权威的定向（维护现有的法律和社会秩序，尽职尽责就是好的）。

水平 3：自我接受的道德准则的道德水平。

阶段 5：墨守法规和契约的定向（以社会价值和个人权利作为是非标准）。

阶段 6：个人的良心和原则的定向（是非是一种个人依照普遍原则所确立的哲学）。

二、柯尔伯格道德发展实验流程

（一）理论假设

柯尔伯格提出道德形成遵循一定的发展阶段，他使用"阶段"这一概念是相当严谨和准确的。我们很容易想到所有能力的发展都有一定阶段，但是，心理学家还是对那些随时间而逐渐发生的变化（比如一个人的身高）与在不同阶段差别很大的变化做了区分。因此，当柯尔伯格谈及"童年和少年时期道德结构发展阶段"时指出：（1）每个阶段都有独一无二的道德思维方式，而且不是对成人道德概念理解的逐渐深化。（2）各阶段总是以固定的顺序出现，不可能跳过任何一个阶段，也绝对不可能出现倒退的情况。（3）阶段具有优势性，即儿童理解所有处于他们现有道德阶段以下的道德判断，且至多只能对他们所处阶段以上一个阶段的道德问题有某种程度理解。鼓励、教育和练习都不能使儿童向高于他们应有阶段的道德阶段发展。而且儿童喜欢以他们所达到的最高道德发展水平来对事物进行判断。隐含在这一道德发展阶段中的规则是：无论个体之间是否存在经验和文化上的差异，发展阶段都是具有普遍性的，且以固定的顺序向前发展。

柯尔伯格相信，他能通过给不同年龄的儿童提供道德判断的机会，来对其道德形成阶段论加以探究。如果发现儿童做出道德决策的思维方式随年龄而有规律地发展，那么这将可以证明道德阶段论是基本正确的。

（二）方 法

柯尔伯格的研究方法相当简单。他向不同年龄的儿童提供 9 个假定的道德两难故事。每位儿童需要接受两个小时的关于这些故事的访谈。研究者对访谈进行录音，以便对儿童所使用的道德推理进行进一步的分析。下面是柯尔伯格的两难故事中引用次数最多的两则：

第一个两难问题："弟弟的难题"。

乔的爸爸许诺说，如果乔挣够了 50 美元便可以让他拿这笔钱去野营。但后来乔的爸爸又改变了主意，让乔把所挣得的 50 美元都交给他。乔撒谎说只挣了 10 美元，他把 10 美元交给了爸爸，拿另外的 40 美元去野营。临走之前，乔把挣钱和向爸爸撒谎的事告诉了他的弟弟阿里克斯。阿里克斯应该把事情的真相告诉他的爸爸吗？

第二个两难问题："海因茨的难题"。

在欧洲，一位妇女因患一种特殊的疾病而面临死亡。医生们认为只有一种药或许能挽救她的生命。那是她所在镇上的药剂师最新研制的一种药。这种药的成本昂贵，而且这位药剂师向购买者索要 10 倍于成本的高价。这位病人的丈夫叫海因茨，他向他认识的所有人都借了钱，但在最后他也只能借到药价的一半。他恳求药剂师，说他的妻子快死了，求求他便宜一点把药卖给他，或者允许他以后再支付剩下的钱。但药剂师却说："不行，我研制该药的目的就是为了赚钱。"海因茨绝望了，后来，他闯进了药店，为他的妻子偷了治病的药。海因茨应该这样做吗？

柯尔伯格最初的被试是居住在美国芝加哥郊区的 72 名男孩。这些男孩分属于三个年龄组，即 10 岁、13 岁和 16 岁。每个年龄组中有一半被试来自社会经济条件处于中下水平的家庭，而另一半则来自社会经济条件处于中上水平的家庭。在 2 个小时访谈中，这些孩子表达的道德观点从 50 ~ 150 个不等。

柯尔伯格所描述的每个道德推理阶段一一对应。值得注意的是，柯尔伯格所描述的每个道德推理阶段都可以普遍适用于儿童可能面临的任何情境。尽管道德发展阶段无法预测一个儿童面对真实的两难处境时所采取的特定行动，但却能预测该儿童决定一个行动所进行的推理过程。

（三）结　果

柯尔伯格把这六个发展阶段分成三种道德水平，道德观念发展的早期被柯尔伯格称为"前道德水平"，该水平的特征是以自我为中心，看中个人利益。它包括最初的两个阶段：在第一阶段，儿童认识不到他人的利益，其道德行为是出于对不良行为将要受到惩罚的恐惧。在第二阶段，儿童开始意识到别人的利益和需要，但他们的道德行为是为了得到别人回报的同样的道德行为。这时，良好行为的本质是儿童为了满足自身需要而对情境施行的控制。

三、柯尔伯格道德发展实验在教学中的应用

（1）学生每 5 人为 1 组，教师为学生提供柯尔伯格道德发展实验的文本资料，让学生阅读整个实验的过程。

（2）教师指导学生观察实验，并回顾实验心理学相关知识，提炼该实验的自变量和因变量，梳理还原实验控制过程，并回答柯尔伯格道德发展实验与皮亚杰道德认知发展实验的异同。

（3）启发学生分组讨论以下问题：如何理解道德认知、道德评价与道德行为的关系？如何理解道德发展的阶段性与连续性问题？

（4）进行心理学学科素养教育，引导学生树立科学的学科观。